Heinrich Otto Lehmann

Der Rechtsschutz gegenüber Eingriffen von Staatsbeamten nach altfränkischem Recht

Habilitationsschrift

Heinrich Otto Lehmann

Der Rechtsschutz gegenüber Eingriffen von Staatsbeamten nach altfränkischem Recht

Habilitationsschrift

ISBN/EAN: 9783743445383

Hergestellt in Europa, USA, Kanada, Australien, Japan

Cover: Foto ©Suzi / pixelio.de

Heinrich Otto Lehmann

Der Rechtsschutz gegenüber Eingriffen von Staatsbeamten nach altfränkischem Recht

RECHTSSCHUTZ

GEGENÜBER

EINGRIFFEN VON STAATSBEAMTEN

NACH

ALTFRÄNKISCHEM RECHT.

HABILITATIONSSCHRIFT

VON

HEINRICH OTTO LEHMANN,
DR. IUR., PRIVATDOZENT DER RECHTSWISSENSCHAFT
AN DER UNIVERSITÄT KIEL.

KIEL,
ERNST HOMANN.
1883.

HERRN

GEHEIMEM JUSTIZRATH

PROFESSOR DR. GEORG BESELER

ALS ZEICHEN DER VEREHRUNG

GEWIDMET.

Hochgeehrter Herr Geheimerath!

Ihrer gütigen Erlaubniss folgend, bin ich nunmehr so frei, Ihnen meine Habilitationsschrift vorzulegen und dieselbe Ihrem Wohlwollen zu empfehlen. Wenn auch das in ihr behandelte Gebiet in den letzten Jahrzehnten wiederholt Gegenstand eingehender Bearbeitung gewesen ist, so wage ich doch zu hoffen, dass wegen mancher von den Resultaten der früheren Forscher abweichenden Ergebnisse, zu denen ich in den Einzeluntersuchungen gelangt bin, diese Arbeit nicht als ganz werthlos erscheine. Mögen vor allem Sie dieselbe nicht für eine verfehlte erachten!

Inhaltsübersicht.

Der Rechtsschutz gegenüber Eingriffen von Staatsbeamten nach altfränkischem Recht.

Seite

A. Durch Gesetzesbestimmungen.

1. Nach der lex Salica.

   a. **Die Functionen der Beamten und der Rechtsschutz gegen sie im Allgemeinen** (Abschnitt I) . . 1
   Die Vertheilung der Functionen. Die Rachimburgen keine königlichen Beamten. Fällung der Urtheils durch sie allein. Der Graf nur Executivbeamter. Der thunginus Vorsitzender des mallus: kein Priester, sondern Volksbeamter. Die sacebarones Finanzbeamte. — Haftbarkeit der Beamten. Belangbarkeit derselben vor Gericht. Keine Haftung des Staates für sie.

   b. **Der Rechtsschutz gegen die Rachimburgen** (Abschnitt II) 20
   Das tangano nicht Voraussetzung der Urtheilsfällung, wohl aber der Strafbarkeit der Rachimburgen. Anzahl der Rachimburgen. Verhältniss der Strafsatzungen gegen sie. [Excurs über „solem collocare" S. 32—42.] Die Urtheilsschelte. Keine Appellation an das Königsgericht.

   c. **Der Rechtsschutz gegen den Grafen** (Abschnitt III) 55
   Die Todesstrafe gegen den pflichtverletzenden Grafen. Unzulässigkeit des Loskaufs mit dem Wergeld. Der Graf der iurisdictio des mallus unterworfen.

d. **Insbesondere das Forum des Grafen seit dem edictum Chilperici (Abschnitt IV)** ... 68
Gerichtsstand des Grafen. Gerichtsstand im Frankenreich überhaupt: nur forum des Grundbesitzes; kein forum domicilii, kein forum delicti commissi. Der Graf Beklagter und Richter zugleich.

2. **Nach der lex Ripuaria (Abschnitt V)** 80
Bestimmungen gegen die Rachimburgen. Aenderungen gegenüber der lex Salica. Bestimmungen gegen den Grafen. — Auch nach Rip. 88 und den Capitularien keine Theilnahme des Grafen an der Urtheilsfindung.

3. **Nach den andern im Frankenreich geltenden Volksrechten (Abschnitt VI)** 95
Alamannisches, bairisches, burgundisches Recht.

B. **Durch das Disciplinarstrafrecht des Königs (Abschnitt VII)** 101
Die Grenze zwischen der Disciplinargewalt des Königs und der Strafgewalt des Königsgerichts. Keine Todesstrafe ohne Richterspruch. Nur Amtsentsetzung im Disciplinarwege. Mangelhaftigkeit des Rechtsschutzes gegen die Grafen. Schluss.

I.

Die Functionen der Beamten nach der lex Salica und der Rechtsschutz gegen sie im Allgemeinen.

Das älteste der uns erhaltenen germanischen Volksrechte, das der salischen Franken, zeigt den Rechtszustand des Frankenreichs zu einer Zeit, wo der Organismus des königlichen Beamtenthums die Volksbeamten noch nicht vollständig verdrängt hat. Neben dem königlichen grafio und dem sacebaro steht noch der alte thunginus. Was das Gesetzbuch über die Stellung dieser Beamten enthält, beschränkt sich zum grossen Theil auf ihre Mitwirkung bei der Durchführung von Rechtsansprüchen, und ebenso beziehen sich auch die Bestimmungen, welche sich in der lex Salica über den Rechtsschutz Privater gegenüber Organen der Staatsgewalt finden, ausschliesslich auf den Schutz gegen Verletzungen, die bei Ausübung der Rechtspflege geschehen.

Wesentlich drei Organe sind es, in deren Händen die Rechtspflege ruht. Nach der herrschenden und meines Erachtens richtigen, im Folgenden noch näher zu begründenden, Ansicht, ist die Vertheilung der Functionen dabei folgende:

den Vorsitz im Gericht führt der alte Volksbeamte, der thunginus;

das Urtheil finden Volksgenossen, die Rachimburgen;

die Execution ist Sache des königlichen Grafen;

den sacebarones liegt die Empfangnahme des dem Könige verwirkten fredus ob.

Diese Sätze werden allerdings nicht allgemein als richtig anerkannt. Am weitesten gehen die Ansichten über die Stellung der sacebarones auseinander: diese bedarf daher insbesondere näherer Besprechung. Aber auch die andern aufgestellten Sätze haben manchen Widerspruch erfahren. Sie entsprechen den Resultaten, die Waitz und Sohm gefunden [1]), und ich kann daher im Allgemeinen auf die Ausführungen dieser Schriftsteller verweisen: nur die neueren Angriffe gegen ihre Deductionen bedürfen der Widerlegung.

Gegen Waitz und Sohm ist neuerdings behauptet worden:

1) dass die Rachimburgen als ständige Beamte vom König ernannt wurden;

2) dass nicht der thunginus, sondern der Graf den Vorsitz in mallo führte;

3) dass der thunginus kein staatlicher Beamter, sondern ein heidnischer Priester war.

---

[1]) Im Ganzen kaum mehr als eine Zusammenstellung dieser Resultate bietet Thonissen, L'organisation judiciaire sous le régime de la loi salique.

Die erste dieser Thesen ist aufgestellt von Hermann [2]), der annimmt, dass für sie „das Edict Chilperich's die unumstössliche Evidenz liefert." Nach Hermann's Behauptung wird in Cap. 7 dieses Edicts gesagt, dass bei allen placita für einen Rechtsstreit dieselben Rachimburgen zugegen sein sollen; er citirt dafür die Worte: „qui ad omnia placita praeesse debent". Aber diese citirten Worte kommen in dem edict. Chilp. überhaupt nicht vor, und auch sonst ist in ihm nirgends ausgesprochen, dass die Rachimburgen bei allen placita zugegen sein sollen. Die citirten Worte finden sich vielmehr erst in einem Capitular Karl d. Gr. von 803, wo placitum nicht, wie in der lex Salica, „Termin" bedeutet [3]). Ständen sie aber auch im edictum Chilperici, so würden sie doch nur darthun können, dass die Rachimburgen, welche für eine Streitsache zuerst bestellt wurden, als solche bis zu deren endlicher Entscheidung zu fungiren hätten: nicht, dass sie Beamte wären.

Noch ein anderes Argument führt Hermann an. In einem Text von Ademar's Chronicon wird erzählt, dass Vulgrinus von Karl d. Gr. „missus fuit in Aquitaniae urbes una cum raimburgis propter iustitias faciendas": die Rachimburgen werden vom König geschickt, also — schliesst Hermann — sind sie königliche Beamte. Er übersieht

---

[2]) Hermann, Schöffengericht S. 194 ff.
[3]) Näher auf diese Stelle einzugehen erscheint hier überflüssig. Hermann selbst gibt S. 186 zu, dass seine Erklärung der Worte mit Cap. Lang. a. 802 c. 14 (LL. I. ed. nov. No. 102, S. 210) schwer zu vereinigen ist. — Ueber die Bedeutung von „placitum" s. Behrend, Process S. 77 ff.

dabei nur, dass es sich um das Gericht eines missus, nicht um das eines Grafen handelt. Der missus vertritt die Person des Königs[4]), und wie im Königsgericht die am Hof anwesenden Grossen urtheilen, so können auch im Gerichte des missus seine Begleiter das Recht finden: für das Gaugericht wird dadurch gar nichts bewiesen. Dass aber die Rachimburgen der Gaugerichte vom Volk erwählt, nicht vom König ernannt werden, beweist das Capitular Ludwigs vom Jahre 829[5]):

„ut missi nostri ubicumque malos scabinos inveniant, eiciant, et totius populi consensu in locum eorum bonos eligant",

wonach noch im neunten Jahrhundert zur Wahl der Schöffen Mitwirkung des Volkes erforderlich war.

Dass nach altfränkischem Recht nur die Rachimburgen, nicht auch der Richter, das Urtheil fällten, kann ich wohl als unbestritten hinstellen. Es wird bewiesen dadurch, dass nach der Darstellung der lex Salica die Partei direct von den Rachimburgen und nur von ihnen das Urtheil erbittet.[6])

Dem scheint mir auch Hermann nicht widersprechen zu wollen. Er nimmt an, dass „die Ausbildung des Schöffengerichtes sich in einer Curve bewegt habe"[7]), dergestalt, dass in der taciteischen und ebenso später in

---

[4]) Cap. miss. Aquisgranense (alterum) a. 809 c. 23 (LL. I. ed. nov. No. 63, S. 151): Quod missos nostros ad vicem nostram mittimus.

[5]) Cap. Wormat. alia cap. c. 2. LL. I. S. 351.

[6]) Siehe die Ausführungen unten Abschnitt II. im Text hinter Anm. 16 u. Anm. 19.

[7]) Hermann, l. c. S. 255.

der karolingischen Zeit der Richter (princeps, resp. Graf) an der Urtheilsfällung wesentlich theilgenommen, in der dazwischenliegenden altfränkischen Periode dagegen ähnlich wie in der nachkarolingischen Zeit das Urtheilfinden wenigstens ganz überwiegend in den Händen der Rachimburgen gelegen habe. Auf die karolingische Zeit einzugehen, liegt nicht im Rahmen dieser Arbeit. Für die vorfränkische Zeit scheint mir Hermanns Behauptung völlig unbeweisbar. Sein Hauptargument bildet Tacitus Germania c. 11:

„Mox rex vel princeps prout aetas cuique, prout nobilitas, prout decus bellorum, prout facundia est, audiuntur, auctoritate suadendi magis quam iubendi potestate. si displicuit sententia, fremitu aspernantur; sin placuit frameas concutiunt."

Hermann selbst gibt zu [8]), dass diese Darstellung auf Gerichtsverhandlungen nicht passt; trotzdem behauptet er, dass „ganz offenbar sich Tacitus auch die Gerichtsverhandlung so denkt, dass dabei ein Stadium, wie das beschriebene, vorkommt, und auf das namentlich auch die Worte passen: rex vel princeps — — audiuntur etc." Wenn aber die ganze Darstellung sich nicht auf Gerichtsverhandlungen bezieht, wie soll man dann aus den letztgenannten Worten auf sie einen Schluss ziehen können?

Des Weitern beruft sich Hermann auf Procop, Bell. Goth. IV, 27 [9]),

---

[8]) ibidem S. 42.
[9]) ibidem S. 41.

„τοῖς Γηπαίδων λογίμοις κοινολογησάμενος (scil. ὁ βασιλεὶς) τὰ πάροντα στουδῇ ἀνεπυνϑάνετο," wo seines Erachtens „der Ausdruck »πάροντα« derartig allgemein gehalten ist, dass es ganz unmöglich scheint, die Entscheidung von Rechtsstreiten davon auszuschliessen." Ich sehe diese Unmöglichkeit nicht ein; auch Tacitus spricht l. c. ganz allgemein von den Versammlungen der Deutschen: und doch passt seine Darstellung nach Hermann's eignem Zugeständniss nicht auf die Gerichtsversammlungen; warum soll denn Procop bei dem vagen „πάροντα" gerade auch an Gerichte gedacht haben? Der ganze Zusammenhang lässt das wenig wahrscheinlich erscheinen.

Hermann's drittes Beweismittel endlich braucht wohl nur erwähnt zu werden. Im angelsächsischen Beowulf heisst es vom König: „Er hatte weite Gewalt seines Wortes." Daraus will Hermann folgern, dass nach altdeutschem Recht der König und die „Bezirksfürsten" an der Urtheilsfindung theilnahmen!

Ich gehe über zu dem zweiten der oben genannten Einwände, der Behauptung Geppert's[10]), dass der Graf[11])

---

[10]) Geppert, Gerichtsverfassung § 5.

[11]) Die Etymologie von „Grafio" ist noch immer bestritten, und, nachdem Richthofen in seinem Altfriesischen Wörterbuch die bis dahin gemachten Versuche einer Ableitung des Wortes aus deutscher Wurzel widerlegt, hat die sehr bedenkliche Annahme, „Graf" stamme vom griechischen „γραφεύς", viel Boden gewonnen. Vergl. Schade, Altdeutsches Wörterbuch s. v. „grâfjo". Dagegen Waitz, V. G. I. S. 265. — Ich glaube, dass das Wort mit „Greifen", ahd. „grifan" zusammenhängt — trotz aller Bedenken, die das lange i verursachen mag [sie werden m. E. entkräftet dadurch, dass „greifen"

in der lex Salica nicht nur Executiv-Beamter sei, sondern schon Vorsitzender des mallus legitimus, und als solcher stets in Function zu treten habe, wenn es sich um Leben, Ehre, Freiheit, Grundeigenthum des freien Franken handelte. Geppert beruft sich für diese Behauptung besonders auf Sal. 50, 3, die seiner Ansicht nach beweisen soll, dass der Graf in mallo zur Pfändung aufgefordert werden soll [12]). Meines Erachtens beweist diese Stelle, wenn sie wirklich für die vorliegende Frage in Betracht kommt (und das ist der Fall nur, wenn „placitum" hier wirklich „Gerichtsversammlung" und nicht, wie Behrend, zum Process der l. Sal. S. 77 ff. will, „Termin" bedeutet; und wenn ferner „ad placitum" mit „solvere" und nicht, wie R. Loening, Vertragsbruch S. 42 Anm. annimmt, mit „fidem factam" zu verbinden ist), das stricte Gegentheil von dem, was Geppert aus ihr ableitet. Sie lautet:

„Si quis ad placitum legitime fidem factam noluerit solvere, tunc ille cui fides facta est, ambulet ad grafionem loci illius in cujus pago manet, et adprehendat fistucam et dicat verbum" etc.

Also nach Geppert's Interpretation: Wenn der Schuldner bei der Gerichtsversammlung nicht zahlt, dann soll der Gläubiger, der, um dies Nichtzahlen zu

---

slaw. „grabiti", littbauisch „graybyti" heisst, „grifan" also nur lautverschoben ist. S. Weigand s. v. „Greifen"] — und dass danach Graf „der Greifer", d. h. der Executor ist, in welcher Rolle er uns auch in der lex Salica (t. t. 50 und 51) entgegentritt.

[12]) Dasselbe behauptet Sohm, Process, S. 162.

constatiren, natürlich selbst in mallo sein muss, „hingehen zum Grafen des Gaues, in dem der Schuldner wohnt", und diesen auffordern. Das kann doch nur heissen: er soll von dem placitum weg zu dem dort nicht anwesenden Grafen gehen. Wäre der Graf zugegen, so brauchte der Gläubiger nicht erst zu ihm hinzugehen: ausserdem wäre der Zusatz: „loci illius in cujus pago manet" dann, wenn der Graf wirklicher Gerichtsvorsitzender gewesen wäre, vollständig überflüssig, da an der Gerichtsstatt selbstverständlich nur dieser Graf zugegen sein könnte. Solche überflüssige Floskeln sind aber dem knappen Stil der lex Salica gänzlich unbekannt. Dass aus den einer spätern Zeit angehörigen Capitularien die von Geppert aufgestellte Thatsache für die Zeit der lex Salica nicht folgt, sondern dass sie gleich Sal. 50, 1, auf die er sich S. 42 Anm. beruft, höchstens einen sonst schon erbrachten Beweis unterstützen könnten, wird Geppert selbst schwerlich bestreiten.

Von geringerer Bedeutung für die vorliegende Untersuchung erscheint es, ob der thunginus, wie es von der bisher herrschenden Meinung geschehen, als ein staatlicher Volksbeamter, oder ob er mit Hermann als ein heidnischer Priester betrachtet wird.

Hermann selbst muss einräumen [13]), dass er einen vollen Beweis für seine Annahme nicht zu erbringen vermocht hat. Gegen ihn spricht entscheidend der Umstand, dass, wenn der thunginus ein heidnischer

---

[13]) Hermann, Schöffengericht, S. 135 ff.

Priester wäre, neben ihm noch ein anderer Volksbeamter — entsprechend dem princeps der taciteischen Zeit — als Richter im Gericht zugegen gewesen sein müsste: denn auch nach Tacitus' Berichten haben die Priester niemals den Vorsitz im Gericht geführt. Hermann selbst gibt dies zu, lässt aber im Unklaren darüber, wer denn diesen Vorsitz geführt haben soll [14]). Die lex Salica nennt keinen Beamten, dem man diese Function beilegen könnte, als eben den thunginus — und dass er sie hatte, scheint mir Sal. 60 „in mallo ante thunginum" klar genug darzuthun [15]). Daraus folgt dann aber zugleich, dass der thunginus kein Priester, sondern ein staatlicher Beamter war.

So ergibt sich die Richtigkeit der oben aufgestellten Sätze: den Vorsitz im Gericht führt ein Volksbeamter, der thunginus; das Urtheil finden Volksgenossen, die Rachimburgen; die Execution vollzieht ein königlicher Beamter, der Grafio.

[14]) Ebenda, S. 122, Anm. 1, wo es wörtlich heisst: „Da Island ein reiner Priesterstaat ist, kommt dies Präsidium" (nämlich das der Priester in Island) „für uns um so weniger in Betracht, als wir uns bereits aus Tacitus überzeugt haben, dass er es dem Priester nicht beilegt. Ich werde daher auch in der Folge diesen Umstand ignoriren". Das Trügerische solcher Schlüsse aus Analogien, auf denen so viele von Hermann's Ergebnissen beruhen, konnte nicht wohl klarer bewiesen werden, als durch seine eigne Angabe hier, dass er die eine Hälfte der richterlichen Thätigkeit der isländischen Priester ignoriren muss, weil ihre Stellung eine ganz andre ist, wie im Frankenreich, während er versucht, aus der andern Hälfte dieser Thätigkeit neues Licht auf fränkisches Recht zu werfen.

[15]) Man vgl. nur ed. Chilp. c. 7: „graphio ante rachymburgiis sedentes".

Es erübrigt noch die vielbestrittene Stellung der sacebarones zu erörtern. Was wir über sie wissen, beruht so gut wie ausschliesslich auf tit. 54, 4 der lex Salica; und es kommt Alles auf die Interpretation dieser Stelle an. Sie lautet:

„Sacibaronis vero in singulis mallibergiis plus quam tres non debent esse et de causas aliquid de quod eis solvitur factum dixerint, hoc ad grafionem non requiratur unde ille securitatem fecerit" (oder richtiger: „illi sec. fecerunt").

Für die Erklärung dieser Worte, die von so manchem Forscher für unmöglich gehalten ist [16]), scheint zunächst die Forderung unabweisbar, dass man die Stelle in ihrer Totalität zu verstehen suchen muss, und nicht einzelne Stücke, die verständlich erscheinen, aus ihr herausgreifen, aus ihnen Folgerungen ziehen, und dann den Rest als unverständlich bei Seite lassen darf. Auf die letztere Art verfährt Hermann [17]), der aus den Worten: „Sacebaronis vero in singulis mallibergiis plus quam tres non debent esse" den Schluss zieht, dass es in den Gerichtssprengeln früher vier Sacebaronen gegeben habe, und man „nicht im Zweifel sein könne", dass dieselben — Viertelsrichter gewesen seien. Dieser Interpretation passt dann Hermann die Worte „hoc ad grafionem non requiratur, unde etc." an, indem er gleich manchen früheren Schriftstellern [18]) in ihnen das Verbot

---

[16]) So Gfrörer, Volksrechte I. S. 6; Cohn, Justizverweigerung, S. 59 Anm.
[17]) Hermann, Schöffengerichte, S. 71 ff.; insbesondere S. 77, Anm. 1.
[18]) S. unten Anm. 24.

ausgesprochen sieht, „dass eine im Sakebarogericht rechtskräftig entschiedene Sache nochmals vor dem Grafjo anhängig gemacht wird". Die Worte „et de causas — — dixerint" erklärt Hermann ohne Weiteres für unverständlich; seiner Ansicht nach „lehrt der Augenschein auf den ersten Blick, dass dieser Satz aus seinem genuinen Zusammenhange gerissen ist".

Allein, wenn selbst dies der Fall sein sollte, wenn wirklich — wofür Hermann einen Beweis nicht hat erbringen können — wir in Sal. 54, 4 die Umarbeitung eines ursprünglich anders lautenden Textes zu sehen hätten, so kann es doch keinem Zweifel unterliegen, dass die Verfasser des uns jetzt vorliegenden Textes mit diesem Texte in allen seinen Bestandtheilen einen Sinn müssen verbunden haben. Wir haben kein Recht, zu behaupten, die Worte „et de causas — — dixerint" seien sinnlos von ihnen hineingesetzt, um so weniger, da ihre Interpretation durchaus nicht unmöglich ist; aber freilich, die vollständige Erklärung unserer Stelle — die allein uns eine richtige Erkenntniss über das Amt der sacebarones zu geben vermag — führt zu einem von Hermann's Hypothese weit abliegenden Ergebniss.

Das volle Verständniss der Stelle hat zuerst Waitz, später, von ihm abweichend, Sohm zu gewinnen versucht, und des Letzteren Erklärung [19]) halte ich für dem Sinne nach richtig, der grammatischen

---

[19]) Die abweichenden Auffassungen sind grossentheils zusammengestellt bei Gengler, Rechtsdenkmäler, S. 293—294 Anm. und Thonissen, loi salique § 4. Vgl. Waitz V. G. II, 1. S. 100, Anm. 2; Pardessus, S. 573 f.; Eichhorn, § 75.!

Construction nach für zum Theil unrichtig: und dieser Mangel ist es meines Erachtens, der ihrer allgemeinen Annahme bisher im Wege gestanden. Aber derselbe lässt sich heben. Sohm, der statt „causas": „causa" lesen will, übersetzt:

„Wenn die Sacebaronen aussagen, dass eine Busse, welche an sie gerichtet wird, gezahlt sei, so soll dieselbe von dem Grafen nicht eingetrieben werden;"

dabei nimmt er an, dass „si de causa aliquid de quod eis solvitur, factum dixerint, hoc" nach der Grammatik der lex Salica genau dasselbe bedeutet, als wenn geschrieben stände: „et si causam quae eis solvitur, factam dixerint, haec". Diese Annahme halte ich für falsch. Wäre sie richtig, so wäre Geppert's Behauptung[20]) berechtigt, Sohm's Auslegung scheitere daran, dass die causa oder compositio nie an die öffentliche Behörde zu zahlen sei, sondern nur ein Theil derselben, der fredus: und Sohm könnte darauf nicht erwidern, causa bedeute an unserer Stelle fredus[21]), denn die lex Salica gebraucht causa regelmässig für compositio, sogar im ausdrücklichen Gegensatz gegen fredus[22]).

Aber, wenn „causa" demnach = „compositio", so ist darum nicht „de causa(s) aliquid, de quod" = „causa quae". So ganz bedeutungslos, wie Sohm

---

[20]) Geppert, Beiträge, S. 27.
[21]) Das scheint Sohm pag. 91—93 allerdings anzunehmen, ohne es aber direct auszusprechen. — Dagegen Cohn J. V. S. 58 N. 4.
[22]) Sal. 53, 4: „fretus grafione solvatur, quantum de causa illa — — erit rediturus." — Sal. 50, 4: „si fritus de ipsa causa non fuit solutus".

will, ist denn doch das „aliquid" weder hier, noch in der Sal. 34, 4, die er als Beleg citirt. In letzterer Stelle: „Si quis per malo ingenio in curte alterius — aliquid de furto miserit" liest Sohm — gegen den Grundtext — statt „furto": „furtum", erklärt „furtum" als „eine gestohlene Sache" und findet dann das „aliquid" überflüssig.

Nimmt man furtum in der gewöhnlichen Bedeutung = „Diebstahl", so ist „aliquid de furto" = „Etwas aus einem Diebstahl (herrührendes)": der Sinn bleibt derselbe; nur zeigt sich bei dieser Interpretation, für welche die Lesart des besten Codex spricht, dass „aliquid" durchaus nicht bedeutungslos ist.

Um so weniger wird man dem „aliquid" in unserer Stelle jede Bedeutung absprechen dürfen. Ist „aliquid" = „Etwas", so ist „de causa(s) aliquid" = „Etwas von der compositio" (oder von den Compositionen), also ein Theil derselben. Welcher Theil der compositio es ist, wird näher bezeichnet durch „quod eis solvitur": der Theil, der den Sacebaronen gezahlt wird [23]). Da die Sacebaronen königliche Beamte sind (wie ihr höheres Wergeld, Sal. 54, 2, beweist), so ist das „aliquid" der an den König fallende Theil der compositio, also der fredus. Ist das richtig, so ist es auch nicht nöthig, den Plural „causas" mit Sohm in „causa" zu verändern.

Unsere Stelle besagt danach: „Wenn die Sacebaronen sagen, dass von compo-

---

[23]) Die Münchener Handschrift liest auch: „et si de causa aliquid, id est quod eis solvitur."

sitionen ihnen der fredus bezahlt sei, so soll der Graf ihn nicht mehr eintreiben."

Die Bestimmung dieser Sal. 54, 4 entspricht danach der in Sal. 50, 4 (§ 3 bei Pardessus, § 2 bei Merkel), insofern sie negativ ausdrückt, was dort positiv ausgesprochen ist, dass bei der Pfändung „tertia parte grafio frito ad se recolligat, si tamen fritus jam ante de ipsa causa non fuit solutus", nämlich an die sacebarones. Der „fritus de causa" dieser Stelle ist das „de causas aliquid quod eis solvitur" der andern.

Es ergiebt sich: die Sacebaronen sind königliche Finanzbeamte, denen der fredus zu zahlen war. Wird er ihnen nicht gezahlt, so haben aber — mindestens wahrscheinlich — nicht sie, sondern nur die Grafen das Recht der Zwangseintreibung.

Durch die obige Erklärung der Sal. 54, 4 wird der Einwand, den Geppert gegen Sohm's Deduction erhoben, beseitigt. — Geppert selbst legt den sacebarones eine richterliche, und wie es scheint, nur eine richterliche Function bei — entsprechend einer früher vielfach verbreiteten Auffassung [24]).

Indessen ist seine Interpretation der Sal. 54, 4 und damit überhaupt seine Ansicht von der richter-

---

[24]) s. z. B. Wiarda § 69 — Eichhorn 1. Aufl. § 75 im Text zu Note b; vgl. 5. Aufl. Note q. — Zöpfl, R.-Gesch. 4. Aufl. Bd. 3, S. 321. — Maurer, Gerichtsverf. § 10. — Unbestimmter: Waitz, das alte Recht, S. 140. Müllenhof, ibidem S. 292; Waitz, V. G. 2. Aufl. II, S. 40, Anm. 1. Vgl. aber 3. Aufl. I, S. 360, Anm. 4 u. II, 1, S. 100.

lichen Function der sacebarones unhaltbar, weil sie zur nothwendigen Voraussetzung die, wie oben nachgewiesen, nicht vorhandene jurisdictio der Grafen hat. Auch spricht gegen sie die gesetzliche Beschränkung der Zahl der sacebarones für jeden Gerichtssprengel auf höchstens drei, die nur einen Sinn hat, wenn sie dem Volke lästige Beamten, also Executivbeamten waren. Die sacebarones sind jedenfalls königliche Beamte, wegen ihres höheren Wergeldes (Sal. 54, 2 und 3), und zwar unter dem Grafen stehende (Sal. 54, 2); wir hätten deshalb, auch wenn die Sohm'sche und resp. meine obige Erklärung von Sal. 54, 4 unrichtig sein sollte, anzunehmen, dass ihr Geschäftskreis ein ähnlicher wie der des Grafen war, dass sie also königliche Vollziehungsbeamte waren [25]).

Ich habe im Obigen mich nur an die Lesart der besseren Codices 1 a und 1 m gehalten. Uebrigens glaube ich, dass das „ad grafione non removatur" der Texte 2 und 3 eine abweichende Deutung nicht erfordert, sondern zu übersetzen ist: „so braucht (der fredus) nicht an den Grafen weggeführt zu werden." Ebenso der Herold'sche Text („si de causa illi aliquid

---

[25]) Vgl. Bethmann-Hollweg 4, § 66, S. 433: „Das Wahrscheinlichste dünkt mir daher, dass sie als königliche Beamte Wächter über das unter des Königs Gewähr stehende Gesetz waren, als der lateinischen Sprache und Schrift Kundige den Rachimburgen das Gesetz dolmetschten, die Zahlung der darin verzeichneten Bussen vermittelten und den dem König gebührenden Antheil, das Friedensgeld (fredus) einnahmen". Das letztere wird wie gezeigt durch Sal. 54, 4 bewiesen; die Annahme der andern Functionen beruht dagegen auf unrichtiger Erklärung dieser Stelle.

sanum dixerint, penitus gravio nullam habeat licentiam removendi"), wenn man nicht in dem „sanum dixerint" (für factum d.) des Text 3 und des Herold'schen Textes mit Sohm (G. V. I, S. 416) eine bedeutsame Aenderung sehen will: ich möchte darin doch nicht mehr, als ein Versehen der Abschreiber finden [das lange ſ = f; c t = n]. Text 4 a: „penitus grafionem remonire non possit" [26]) und 1 g: „de causa de quid de quod fortasse dixerint, hoc grafionum removeat, unde" etc. sind offenbar verderbt. Ob die Lesart von 4 b und der Emendata: „Et si causa aliqua ante illos secundum legem fuerit definita, ante grafionem removere [renovare liest der von Holder herausgegebene Codex von Trier-Leyden] eam non licet" durch wissentliche Veränderung des alten Textes eine veränderte Stellung der sacebarones bezeichnen will, wie Sohm [27]) annimmt, dürfte doch wohl sehr zweifelhaft sein [28]).

[26]) Ist „remonire" = „removere", so stimmt die Lesart zu Text 2.
[27]) Sohm, R. u. G.-V. I, S. 416.
[28]) Was die Worterklärung von sacebaro betrifft, so mag es gestattet sein, zu den vielen versuchten eine neue hinzuzufügen, zumal die im Resultat so ansprechende Sohm's (R. u. G.-V. I, S. 94: sacebaro = Barleger der Sache = Veröffentlicher der Strafsache = Einforderer der Busse = Schultheiss) doch wohl nicht unbedenklich ist. Ich möchte statt sacebarones die auch in den Handschriften sich findende Form sagebarones wählen, baro (mit Grimm) als „Mann" übersetzen (in dem Sinne steht baro auch Sal. 31, 1), und „sage" von „sagia" ableiten, das als gleichbedeutend mit saiga, einem Geldstück, dem Silberpfennig, vorkommt. (Vgl. Merkel in der Ausgabe der lex Alamannorum, M. M. G. G. XV, S. 132, Anm. 32. — Du Cange Glossarium, und Gengler, Rechtsalterthümer, Glossar s. h. v.).

Nicht gegen alle Beamten, deren Functionen nach der lex Salica im Vorstehenden charakterisirt sind, enthält dies Gesetz besondere Strafbestimmungen für den Fall, dass sie durch Ueberschreitung ihrer Amtsbefugnisse oder Verletzung ihrer Pflichten den Privaten Schaden zufügen. Wir finden solche nur für die Rachimburgen und für die Grafen, vermuthlich weil sie nur diesen gegenüber nothwendig erschienen. Denn die Stellung des thunginus erscheint als eine reine Ehrenstellung ohne factische Machtbefugnisse, und auch den sacebarones fehlte wahrscheinlich jede Zwangsgewalt: wenn die im Obigen gegebene Erklärung von Sal. 54, 4 und 50, 4 richtig ist, so hatte der Graf das fredus zwangsweise einzukassiren, das den sacebarones nicht freiwillig gezahlt war.

Ausserdem aber galt im Frankenreich von jeher der Rechtssatz, dass alle Beamten für jede ungerechte Schadenszufügung mit ihrem Vermögen haften und vollen Ersatz leisten müssen, sowie dass sie wegen derselben im Wege des ordentlichen Prozesses belangt werden können. Der Gedanke einer „Unzulässigkeit des Rechtsweges" gegenüber irgend einer Beschädigung, die ein

---

Dann würde „sagebaro" wörtlich „Pfennigmann" = Finanzbeamter sein; die Wortbildung wäre ganz analog, wie im Titel der heutzutage noch im Ditmarschen und Eiderstedt als Finanzbeamte des Gaus vorkommenden „Pfennigmeister", und der Name der Function der sagebarones, so weit wir sie nach der lex Salica kennen, völlig entsprechend. Uebrigens würde mit dieser Erklärung auch die Lesart saccbarones sich vereinigen lassen, da die „saiga" auch „saica" genannt wird.

Lehmann, Rechtsschutz.

Beamter begangen, ist dem fränkischen Rechte eben so fern wie dem gesammten späteren deutschen gemeinen Rechte.

Chlotacharii II, edictum anni 614, c. 12 [29]:

„Ut iudex — — si aliquid mali de quibuslibet conditionibus perpetraverit, de suis propriis rebus exinde quod male abstolerit, iuxta legis ordine debeat restaurare."

Dass es sich hierbei nicht um eine Neuerung Chlotars, sondern nur um von Alters überliefertes Recht handelt, zeigt der im Abschnitt IV näher zu besprechende Zusammenhang der Stelle.

Auch später begegnen wir diesem ganz allgemein gültigen Grundsatze in einzelnen Anwendungen wieder, so in Pippin's Capitular von ca. 790, c. 13 [30]:

„Placuit nobis, ut illos liberos homines comites nostri ad eorum opus servile non opprimant; et quicunque hoc fecerit, secundum quod iudicatum habemus emendet."

Dagegen findet sich davon, dass subsidiär auch der Staat für die seitens seiner Beamten zugefügten Schäden einzustehen habe, was man nach E. Loening [31] anzunehmen geneigt sein möchte, im fränkischen Recht keine Spur. Ein solcher Rechtssatz bestand zweifellos nicht: denn auch nach späterem deutschen Recht steht ein Staat (und eine Corporation) niemals dem eignen Angehörigen, sondern stets nur Dritten (Corporationen auch

---

[29] LL. I. ed. nov. No. 9, S. 22.
[30] LL. I. ed. nov. No. 95, S. 201.
[31] E. Loening, Haftung des Staats, S. 27 ff.

der Staatsgewalt) gegenüber für Handlungen seiner Organe ein [32]).

Ich werde im Folgenden zunächst die Strafbestimmungen gegen die, die Urtheilsfällung verweigernden Rachimburgen, sodann diejenigen Stellen der lex Salica besprechen, welche den Grafen mit Strafe bedrohen.

---

[32]) Vgl. die von Loening selbst, S. 29 ff., und die von Gierke, Genossenschaftsrecht II, angeführten Beispiele. — Näher denke ich bei anderer Gelegenheit auf diese Frage einzugehen.

II.

Der Rechtsschutz gegen die Rachimburgen nach der lex Salica.

Die Strafbestimmungen des salischen Gesetzbuchs über die Rachimburgen lauten nach dem von Behrend gegebenen Text:

Sal. 57.

1. Si quis rachineburgii in mallobergo sedentes dum causam inter duos discutiunt, legem dicere noluerint, debet eis dicere ille qui causa prosequitur: hic ego vos tancono ut legem dicatis secundum legem Salegam. Quod si illi dicere noluerint septem de illos rachineburgios Malb. schodo, hoc est CXX dinarios qui faciunt solidos III solem collocatum culpabilis iudicetur.

2. Quod si nec legem dicere noluerint, nec de ternos solidos fidem facerent, solem illis collocatum, DC dinarios qui faciunt solidos XV culpabiles iudicentur.

3. Si vero rachineburgii non secundum legem iudicaverint, is contra quem sententiam dederint, causa sua agat et si potuerit adprobare, quod

non secundum legem iudicassent, DC dinarios qui faciunt solidos XV quisque illorum culpabilis iudicetur.

Der § 3 bietet der Interpretation keine Schwierigkeiten dar: in um so höherem Masse ist das der Fall mit den beiden ersten Paragraphen unsrer lex. Als unbestritten darf ich es wohl betrachten, dass das fidem facere des § 2 als eine Art der Erfüllung einer Schuld, also als der Zahlung — dem solvere — gleichstehend zu betrachten ist.

Näherer Erörterung bedarf zunächst das „septem de illos rachineburgios", ferner der Ausdruck „solem collocatum", oder, wie Text 1 liest, „ante solem collocatum", und, daran sich anschliessend, das Verhältniss der Strafbestimmung des § 1 (3 solidi) zu der des § 2 (15 solidi).

Zunächst kann wohl als sicher angenommen werden, dass nicht etwa die sieben Rachimburgen zusammen, sondern jeder Einzelne von ihnen die 3 solidi des § 1 und die 15 s. des § 2 zu zahlen schuldig sein soll; denn abgesehen davon, dass in einzelnen Handschriften dies ausdrücklich ausgesprochen ist[1]), abgesehen auch von dem „ternos" im § 2, kennt die l. Sal. sonst eine solidarische Verbindlichkeit in ihren Strafbestimmungen nirgends:

---

[1]) Text 3 liest im § 1: „singuli culpabiles iudicentur"; im § 2 gar: „singuli culpabiles iudicentur; unusquisque eorum culpabilis iudicetur"; Text 4a: „ternus solidos culpabilis iudicetur" und „unusquisque XV solidos culpabilis iudicetur;" Text 1g (die Wolfenb. Handschrift): „vir de illis raciniburgiis collecato sol ternos solidos solvat; quod si nec legem dicere volueret, nec ternus solidos solvat, fidem ficit tunc sol illius culpato est quinus dinarius C culpabilis".

und dass hier Strafbestimmungen vorliegen, ist wenigstens für den § 2 nicht zu bestreiten, wenn auch betreffs des § 1 Sohm annimmt, dass die 3 solidi nur zur purgatio morae dienen[2]). Hat aber die 15 solidi des § 2 jeder Einzelne zu zahlen, so muss wegen der vollständig analogen Ausdrucksweise des § 1 dasselbe von den 3 solidi gelten.

Diese 3 und weiter die 15 solidi sollen nun „septem de illos rachineburgios" zahlen. Man streitet, ob diese septem alle Urtheilsfinder[3]) oder nur ein Theil derselben[4]) sind; ferner darüber, wer sie zu erwählen hat, ob die Versammlung, ob der Richter[5]), ob beide Parteien[6]), ob nur der Kläger[7]). Waitz[8]), dem sich Cohn[9]) anschliesst, meint, es müsse dies dahingestellt bleiben[10]): ich glaube doch, dass wir auf Grund unserer Stelle zu einer klaren Entscheidung kommen können.

Zunächst scheint mir sicher, dass in der Regel das

---

[2]) Sohm, Proc. S. 153. — Die Widerlegung dieser Ansicht siehe unten im Text zu Anm. 23.
[3]) So Sohm, Proc. S. 154.
[4]) So Bethmann-Hollweg 4, S. 429; Thonissen, Loi salique S. 52.
[5]) So Eichhorn, St. u. R.-G. 5. Aufl. § 75, S. 403; Rogge, Gerichtswesen S. 74.
[6]) Siegel, G.-V. S. 107: „Gewählt aber werden die Schöffen von der Partei, und zwar von derjenigen, welche nach der Lage des Streites das Recht hat, das Urtheil zu fordern."
[7]) Sohm, Proc. S. 155. — Ueber Hermann's Ansicht s. oben Abschnitt I im Text nach Anm. 1.
[8]) V. G. II, 2, S. 166, Anm. 4.
[9]) Cohn, Justizverweigerung S. 19.
[10]) Ganz unbestimmt drückt sich auch Eichhorn I, § 75, S. 402 f. aus.

Urtheil gesprochen wird, ohne dass das tangano nöthig war. Si — rachineburgii — — legem dicere noluerint, debet eis dicere ille — — hic ego vos tancono: nur wenn der Urtheilsspruch nicht geschieht, muss das tangano erfolgen. Das Gegentheil behauptet gegen Siegel [11]) allerdings Sohm [12]) (dem sich Cohn [13]) anschliesst), wie er selbst zugiebt, gegen den klaren Wortlaut der Stelle, den er „nur als Fehler der Darstellung" ansieht. Zum Beweis beruft sich Sohm „vornehmlich" darauf, dass in Ed. Chilp. c. 7 „die Rachimburgen, von denen das Urtheil gefunden ist, ohne Weiteres als rachymburgii ferrebanniti, d. h. als die tanganirten Rachimburgen bezeichnet werden". Dass aber ferrebanniti „tanganirt" heisst, ist nur Conjectur Sohm's [14]); es kann ebensowohl bedeuten: „die zum Urtheilfinden bestellten". Dies Argument beweist also nicht [15]). Das andere Argument ist „die Vergleichung der Novellen, welche, obwohl vor das tangano eine einfache Aufforderung setzend, ebenso mit dem »Si — noluerint dicere« beginnen": das heisst mit andern Worten: Weil eine spätere Veränderung zur lex Salica einen „Fehler der Darstellung" enthält, muss der ursprüngliche Text derselben ihn auch enthalten!

---

[11]) Siegel, Gerichtsverfahren S. 145 ff.
[12]) Sohm, Proc. S. 151 ff.
[13]) Cohn, Justizverweigerung S. 41 ff.
[14]) Sohm, in der Zeitschrift f. Rechtsgesch. V, S. 417.
[15]) Wie schon Cohn l. c. S. 43 zugegeben hat.

Der von Sohm hier gemeinte Text 4 zeigt gerade an unserer Stelle die stilistische Unbeholfenheit seines Verfassers. Es sollte ausgedrückt werden, dass der Aufforderung mit tangano eine mehrmalige Aufforderung ohne tangano vorausgehen muss. Wie wird das gemacht? Es bleibt einfach Anfang und Ende unserer Sal. 57, 1 stehen, und dazwischen wird die Vorschrift des mehrmaligen Aufforderns zur Urtheilsfällung deutlich, aber plump eingeschaltet. So bekommt die Stelle folgendes Ansehen (ich hebe den ursprünglichen Text durch gesperrte Schrift hervor):

S i R a c i m b u r g i l e g e n o l u e r i n t d i c e r e i n m a l l o r e s i d e n t e s c u m c a u s a s i n t e r d u u s d i s c u s s e r i n t d e b i t e i s d i c e r e q u i c a u s a m q u e r i t: „Dic nobis lege Salicam". Si ille noluerunt dicere, tunc iterum ipse debet dicere: „Ego vos rogo ut mihi et isto gasationem quo legem dicatis"; bis aut tres hoc debet dicere: „e g o v o s t a n c a n o u s q u e q u o m i h i l e g e m d i c a t i s S a l i c a". Q u o d s i d i c e r e n o l u e r i n t s e p t e m d e i l l i s R a c e m b u r g i i s e t c.

Weil in dieser so, wie gezeigt, entstandenen Stelle das erste „Si — noluerint" vor der Vorschrift zur ersten Aufforderung an die Rachimburgen steht, darum soll nach Sohm und Cohn das „si noluerint" auch in dem Grundtext völlig bedeutungslos sein! — Die richtige Auffassung des Verhältnisses der beiden Texte zu einander dürfte folgende sein:

Der Grundtext will durchaus nicht eine Darstellung des ganzen Verfahrens der Urtheilsforderung seitens des

Klägers geben, sondern, wie die lex Salica überhaupt Strafbestimmungen enthält, so giebt er auch nur die Strafe an, welche die säumigen Rachimburgen treffen soll. Die Voraussetzung dieser Strafe ist das tangano. Ob diesem tangano andere Aufforderungen an die Rachimburgen voranzugehen haben, darüber giebt an sich der Grundtext keine Auskunft, weil dies für die Bestrafung der Rachimburgen gleichgültig, im Uebrigen wohl jedem Franken bekannt war. Wohl aber sagt er, dass, wie das tangano Voraussetzung der Bestrafung, so die Säumniss der Rachimburgen („si legem dicere noluerint") Voraussetzung der Zulässigkeit des tangano ist. Diese Säumniss könnte nun eingetreten sein entweder schon dadurch, dass die Rachimburgen nach dem Vortrag der Streitsache kein Urtheil abgeben, oder erst dadurch, dass sie auf Aufforderung des Klägers (qui causa prosequitur) hin in Schweigen beharren. Die Beantwortung dieses Zweifels giebt uns Text 4: er sagt, dass mehrfache Aufforderungen dem tangano vorangehen müssen. Wir werden darin schwerlich eine Neuerung zu sehen haben, sondern wohl nur die urkundliche Feststellung eines alten Gebrauchs, die nöthig vielleicht um deswillen erscheinen mochte, weil er nicht stets streng mehr beachtet wurde[16]). Die Aufnahme dieses betreffenden Passus in den alten Text ist nun in der ungeschickten Weise erfolgt, dass

---

[16]) Text 4 zeigt auch deutlich, dass die Urtheilsbitte nicht, wie Hermann S. 44 behauptet, an den Richter, sondern dass sie an die Rachimburgen gerichtet wurde. Uebrigens nimmt auch Hermann S. 151, Anm. 1 das Letztere an; er steht also hier mit sich selbst in Widerspruch.

er einfach vor die Aufforderung zum tangano eingeschoben wurde, ohne dass der Verfasser dieser Gesetzesänderung sich klar machte, dass, wenn er die Voraussetzung der Säumniss der Rachimburgen h i n t e r das „si — noluerint" stellte, dies damit völlig sinnlos wurde.

Jedenfalls zeigt der Grundtext klar, dass Voraussetzung des tangano Säumniss der Rachimburgen war.

Ferner wissen wir, dass nicht die ganze Gerichtsversammlung, sondern nur die schon v o r der Berathung (dem causam discutire), also auch wohl schon vor der Verhandlung der Sache erwählten, auf Bänken sitzenden Schöffen zunächst zum Sprechen resp. Vorschlagen des Urtheils verpflichtet waren:

„Si quis rachineburgii in mallobergo sedentes, dum causam inter duos discutiunt, legem dicere noluerint".

Also n i c h t erst durch das tangano wurden die Rachimburgen bestellt. Damit fällt aber jeder Grund für die Annahme, dass der Kläger sie einseitig habe auswählen können [17]. Es würde im Gegentheil dies Verfahren wenig zur Erlangung eines wahrhaft unparteiischen Urtheils beigetragen haben. Vielmehr muss es als wahrscheinlich gelten, dass die Rachimburgen am Beginn des Gerichtstags gleich für alle vorzunehmenden Sachen durch

---

[17] Vergleiche Siegel, Gerichtsverf. § 21; Sohm, Process § 21. Dagegen spricht auch der Umstand, dass da, wo Rachimburgen als Beistände zu der vom Grafen zu vollziehenden Execution fungiren (Sal. 50, 3), nicht der Kläger, sondern der Graf sie auswählt („collegat" haben die besten, „roget", „congreget" andere Handschriften).

Wahl der Anwesenden vielleicht auf Vorschlag seitens des thunginus bestellt wurden [18]). An diese schon vor Beginn der Verhandlung bestellten Urtheilsfinder hat nun nach unserer Stelle, falls sie den Urtheilsspruch verzögern, der Kläger die feierliche in eine bestimmte, uns lateinisch überlieferte, Formel gekleidete Aufforderung zur Urtheilsfällung, das „tangano", zu stellen [19]).

---

[18]) Gegen die Annahme Rogge's (Gerichtswesen S. 74; s. unten Anm. 22), Bethmann-Hollweg's (4 S. 429) u. a., dass der thunginus einseitig die Wahl der Rachimburgen vornahm, scheint mir durchschlagend zu sein, dass nach einem Capitular Ludwig's vom Jahre 829 (Cap. Wormat alia cap.) c. 2 (LL I, S. 351):
„ut missi nostri ubicumque malos scabinos inveniant, eiciant, et totius populi consensu in locum eorum bonos eligant."
die Schöffen vom Volk erwählt werden sollen. Denn hätte dem alten Volksbeamten, dem thunginus, die Ernennungsbefugniss zugestanden, so würde sein Rechtsnachfolger, der königliche grafio, in einer Zeit, wo er eifrig um Ausdehnung seiner Macht bestrebt war, dies wichtige Recht wohl schwerlich aus der Hand gegeben, auch der König selbst es später seinem Vertreter schwerlich genommen haben.

Wurden aber die Rachimburgen vom Volk, und zwar jedes Mal für den einzelnen Gerichtstag (oder, unwahrscheinlicher, für die einzelne Streitsache) gewählt, so konnte das nicht wohl anders als auf Vorschlag Eines geschehen: und diesen Vorschlag zu thun erscheint Niemand mehr berufen, als der thunginus.

[19]) Die Ableitung des Worts von „Tang" = Zange und danach die Bedeutung = „anfassen" wird jetzt ziemlich allgemein angenommen. Für ihre Richtigkeit möchte ich noch auf einen, so viel ich weiss, bisher übersehenen Umstand aufmerksam machen. Wir gebrauchen im Niederdeutschen noch heut zu Tage das Wort „Tangen" im Sinne „Ergreifen", und zwar für eine eigenthümliche Modification dieses Acts, z. B. für ein schwieriges Ergreifen, wie „Steine aus der See (d. h. auf dem Meeresgrund ruhende) tangen". Ferner wird das Wort für „stehlen" gebraucht; aber ganz insbesondere sagen wir auch, dass wir Jemanden, der sich etwas hat zu Schulden kommen lassen, der uns z. B. bestohlen oder verleumdet,

Dass bei dieser feierlichen Formel, die wir allem Anschein nach in wortgetreuer Uebersetzung haben:

„hic ego vos tangano ut legem dicatis secundum legem Salicam,"

der Kläger sich nicht an alle zur Urtheilsfällung bestellten Rachimburgen gewandt, sondern nur an einen von ihm herausgegriffenen Theil derselben, ist nicht nur an sich unwahrscheinlich, sondern steht geradezu in Widerspruch mit unserer Quelle, nach der das „tangano" ergeht an die, d. h. an alle „rachineburgii in mallobergo sedentes". Machen sich aber demnach diese alle [20]) durch Verweigerung der Urtheilsfällung auf das „tangano" hin, straffällig, so ist nicht abzusehen, wie die lex Salica dazu kommen könnte, nur einen Theil von ihnen (welche??) mit Strafe zu bedrohen, vielmehr müssen wir annehmen, dass sie alle gestraft wissen will, und nennt sie nur sieben, so müssen diese sieben eben

---

uns „tangen" wollen, d. h. ihn so ergreifen wollen, dass er uns dafür Rede stehen soll. Hier heisst also „tangen" = „jemanden so anfassen, dass er antworten muss": und das ist genau die Bedeutung des tangano unserer Quellen. Man braucht also nicht mit Wiarda S. 208 zu übersetzen: „Ich zwicke Euch so lange, bis Ihr etc." Die Zange ist überhaupt ein Instrument zum Packen, nicht zum Zwicken.

[20]) Denn jeder einzelne von ihnen ist zur Findung des Urtheils verpflichtet, und da die Rachimburgen der Form nach das Urtheil nur vorschlagen, die Umstehenden es bestätigen, so genügt es, das einer das Urtheil ertheilt, um sie straflos zu machen. Vgl. Marculf, form. No. 6: „— — praesentibus quam pluribus viris venerabilibus Rachimburgis, qui ibidem ad universorum causas audiendum — — residebant vel adstabant". Der Einwand, den Thonissen S. 53 gegen die aus dieser Formel gezogene Schlussfolgerung erhebt: „was soll geschehen, wenn die adstantes, statt dem Urtheil

alle sein [21]). Es werden also von vornherein sieben Rachimburgen von den anwesenden Gerichtsgenossen oder dem thunginus zum Rechtsprechen erwählt, und sprechen sie nicht das Urtheil, so sind sie alle sieben strafbar [22]). Für die Siebenzahl der Rachimburgen spricht auch die von Sohm, Fränk. Recht, S. 22, Anm. 25 angeführte Stelle aus Mansi, Concilia XVI, S. 585: „septem homines — — interrogavit", obgleich wohl nicht

---

zuzustimmen, dagegen murren und Zeichen des Missfallens äussern", erledigt sich dadurch, dass die Form, einen Urtheilsspruch anzugreifen, nicht unarticulirte Töne und Geberden, sondern die Urtheilsschelte war. — Hermann's (S. 152 Anm.) „Vorstellung von dem fränkischen Verfahren", wonach „zuvörderst der ‚erste Raginburge', später primus scabinus genannt, sich über das Urtheil auszusprechen hat, während die andern 6 verpflichtet sind, durch ihre Folge diesen Ausspruch gut zu heissen, oder wenn nicht, zu sagen, was sonst Rechtens in der Sache ist", ist reine Hypothese. Von einem besondern „ersten Rachimburgen" ist durchaus nichts bekannt. Wäre Hermann's Annahme richtig, so müsste die lex Salica auch eine Strafbestimmung gegen einen einzelnen Rachimburgen kennen, falls dieser sich nicht an der Urtheilsfällung betheiligte. Wenn aber die Rachimburgen bestraft werden, trifft sie sämmtlich die Strafe: das ist nur erklärlich, wenn durch das Aussprechen des Urtheils seitens eines einzigen die allen obliegende Verpflichtung zur Urtheilsfällung erfüllt wird.

[21]) Dagegen darf man nicht mit Thonissen, loi salique S. 52 das „de illis rach." geltend machen. Sohm hat genügend Beispiele dafür beigebracht, dass das „de" in der lex Salica als unbestimmter Artikel gebraucht wird, und nicht immer einen Theil anzeigt.

[22]) Aehnlich deducirt Rogge, Gerichtswesen, S. 72 ff.: „Also nur ihrer Sieben waren es, die bei den Saliern für die Findung und Richtigkeit des Urtheils verantwortlich waren, woraus nothwendig folgt, dass nur diese Sieben zum Urtheilfinden befugt waren. Dass aber diese sieben Schöffen auf eine andere Weise, als durch den Befehl des Grafen oder Centenarius bestimmt wurden, diese Annahme wird wohl Niemand in Vorschlag bringen".

so unbedingt entscheidend, wie Sohm annimmt, ferner das edict. Chilperici, cap. 7 (bei Boretius c. 8):

„Et si non negaverit ille qui invitavit, adducat VII rachymburgiis ferrebannitus qui antea audissent causam illam: nobis praesentibus erit. Et si VII venire non potuerint et eos certa sonia detrigaverit et toti venire non possint, tunc veniant III de ipsis."

Vgl. Sohm, Proz. S. 154. Doch darf man nicht, wie Sohm, „ferrebannitus" mit „die tanganirten" erklären [23]), da, wie oben gezeigt, das „tangano" durchaus nicht nothwendig, sondern vielmehr nur ausnahmsweise der Urtheilsfällung voranging.

Also der urtheilenden Rachimburgen sind sieben. Nachdem das festgestellt, wird wohl auch einer von der üblichen etwas abweichenden Construction der Sal. 57, 1 kein Bedenken mehr entgegenstehen. Meines Erachtens gehören die Worte „Quod si illi dicere noluerint septem de illos rachineburgios" unmittelbar zusammen, so dass „illi" Dativ („dem Kläger") und „septem de illos rach." Subject ist. Wenn das richtig ist, wird dadurch ein Bedenken beseitigt, welches vielfach gegen die Siebenzahl der Rachimburgen erhoben wurde: dass nämlich diese Urtheilsfinder zwei Mal genannt werden, ehe das „septem" beigefügt ist. Allerdings bleibt auch bei meiner Construction noch das Auffallende, dass die Siebenzahl nicht gleich neben dem ersten „rachineburgii" sich

---

[23]) Er hat dies näher ausgeführt in der Zeitschrift für Rechtsgeschichte V, 417.

findet. Doch scheint es mir nicht unwahrscheinlich, dass der Urtext auch hier es gehabt hat. Das „quis" der heutigen Texte ist offenbar verderbt aus „qui": aber auch dies erscheint wenig angemessen: ich vermuthe, dass es aus VII entstanden ist. Immerhin kommt auf die Richtigkeit dieser Conjectur wenig an. Auch ohne sie steht es fest, dass sieben Rachimburgen zu Gericht sitzen und dass sieben eventuell Strafe zahlen sollen. Es fragt sich jetzt: wofür sollen sie Strafe zahlen? Unsere lex enthält in § 1 und § 2 zwei Strafsatzungen, eine von 3, eine von 15 solidi. In welchem Verhältniss stehen diese zu einander? und worauf bezieht sich jede Einzelne? Was zunächst den § 1 betrifft, so wird in der Regel angenommen, dass die 3 solidi zu zahlen sind für die trotz des tangano fortdauernde Weigerung, das Urtheil zu sprechen, für das „legem dicere nolle"[24]. Eine andere Auslegung hat Sohm[25]) versucht: er betrachtet als Strafe für die Verweigerung des Rechtsprechens die 15 solidi des § 2, und sagt, die 3 solidi des § 1 seien zu zahlen für das „solem collocare", „als Schadenersatz für den verlorenen Tag", indem er „sole collocato" mit „für das Abwarten des Gerichtstages bis Sonnenuntergang" übersetzt. Es wird unerlässlich sein, auf dies „sole collocato" etwas näher einzugehen.

---

[24] Vgl. Wiarda S. 207; Rogge S. 73; Siegel S. 146; Waitz, das alte Recht, S. 169.
[25] Proc. d. l. Sal. S. 153.

[Excurs über „solem collocare".]

„Solem collocare" wurde früher vielfach interpretirt als „einen Tag festsetzen" = „zu einem Tage laden", wobei man „sol" = „dies" und „collocare" = „festsetzen, bestimmen" nahm [26]). Grimm [27]) hat überzeugend [28]) nachgewiesen, dass „sol" im eigentlichen Sinne als „Sonne", „collocare" = „coucher" = „setzen" zu nehmen ist: und diese Ableitung kann als zweifellos richtig betrachtet werden. Nun aber erklärt Grimm weiter, dass „solem collocare" (und das gleichbedeutende „solsatire") „in der alten Rechtssprache" bedeute: „des ausbleibenden Gegners bis zu Ende des Gerichtes warten", was Siegel [29]) treffend ausdrückt: „die Sonne satzen", und näher ausführt: „vor Zeugen erklären, dass

---

[26]) s. z. B. Wiarda S. 196 bei Anm. 1 und S. 207 bei Anm. d; Maurer, Gerichtsverfahren § 35 c. S. 45 und § 43, S. 52.

[27]) Grimm, Rechtsalterthümer, S. 817.

[28]) Gengler, Rechtsdenkmäler, Glossar s. v. sol (vgl. auch S. 721, Anm. 2) erklärt freilich wieder „sol" = „Sonnenfrist, die gerichtliche Tagesdauer vom Sonnen-Aufgange bis zum Sonnen-Untergange", und danach „solem collocare" = „dem Streitgegner oder Beklagten klägerischerseits eine Erfüllungsfrist bis zum letzten Sonnenstrahle des begonnenen und laufenden Gerichtstages setzen oder zugestehen." Dagegen ist zu bemerken: 1) dass, wenn „sol" wirklich die Frist eines Gerichtstags bedeutet, „solem collocare" auch „die Frist eines ganzen Gerichtstags setzen" bedeuten muss, und nicht „den Rest eines begonnenen Tags als Frist setzen" heissen kann; 2) dass diese Bedeutung Sal. 50, 2 (nach Behrend) in dem Satz: „Tunc si solem collocaverit, CXX dinarios qui faciunt solidos III super debitum adcrescant" nicht passt, denn diese 3 solidi hat der Beklagte nicht dafür zu zahlen, dass ihm die Frist gesetzt wird, sondern dafür, dass er sie verstreichen lässt, ohne den Kläger zu befriedigen.

[29]) Siegel, Gerichtsverfahren S. 53, 54.

man vergeblich auf die Vornahme einer Handlung oder das Erscheinen des Andern gewartet". Sohm[30]) schwächt das ab, indem er „solem collocare" einfach übersetzt: „bis zu Sonnenuntergang auf Vornahme einer Leistung warten". Ich weiss nicht, ob Sohm damit Siegels Erklärung modificiren will; muss aber zunächst feststellen, dass „collocare" nicht „abwarten", sondern „setzen" heisst, und dass, wenn „solem collocare" die Handlung eines Menschen bezeichnet, es nur heissen kann: „die Sonne setzen", und dass dieses „Setzen der Sonne" dann jedenfalls irgend einen formellen Akt bedeuten muss, durch den das Eingetretensein des Sonnenuntergangs — und zwar vor Zeugen[31]) — constatirt wird. Diese Erklärung des solem collocare als einer formellen Handlung des Fordernden ergiebt nun zwar die dem Sinne nach richtige Erklärung aller der Stellen, wo in dem Grundtexte „solem collocat" steht: die grammatische Construction aber Grimms, wie Aller, die ihm gefolgt sind — und ich kenne keine neueren Schriftsteller, die ihm hierin nicht gefolgt wären — halte ich für falsch. Meiner Ansicht heisst in der lex Salica sol collocat „die Sonne setzt sich, geht unter" und dürfen wir demnach nicht construiren: „solem alicui colloco" = „ich setze jemandem die Sonne"[32]); sondern „sol mihi collocat" = „die Sonne setzt sich mir, geht

---

[30]) Sohm, Proc. S. 87.
[31]) Sal. 40, 10.
[32]) Dass die Schreiber der späteren corrumpirten Texte und auch der Text der emendata, wie er bei Pardessus als Text 5 vorliegt, so construiren, kann nicht massgebend sein.

mir unter" (bei Vornahme einer Handlung, beim Warten auf den Gegner)³³). Dieser Unterschied ist von Bedeutung gerade für unsere Sal. 57, 1; denn bei der herrschenden Auffassung des solem collocare als der Handlung einer Person kann „sole collocato" die von Sohm angenommene Bedeutung „für das Abwarten des Tages" haben, nach meiner Auffassung heisst es nur „nach Sonnenuntergang".

Gegen diese Auffassung wird man mit Recht nicht geltend machen dürfen, dass die Handschriften den Accusativ „solem collocat" haben; denn eine Verwechselung der Casus ist in der lex Salica sehr häufig; ausserdem hat die Wolfenbütteler Handschrift statt „solem" durchstehends „sole".

Die Gründe für meine Ansicht sind folgende:

Erstens und vor Allem: es giebt eine Stelle in der lex Salica, wo „sol collocat" in dem Sinne „die Sonne geht unter" steht, und „die Sonne setzen" gar nicht heissen kann. Diese Stelle ist Sal. 50, 2 (bei Behrend; § 1 bei Pardessus und Merkel) und sagt, dass, wenn auf die Aufforderung dessen, dem fides facta ist, der thunginus das nexthe gantichio gesprochen, dieser Kläger „festinanter ad domum illius illa die, antequam sol collocet, cum testibus ambulare debet et rogare

---

³³) Collocare (franz. coucher), und das entsprechende germanische „setzen" wurde vielfach vom Untergehen der Sonne gebraucht; s. Grimm, Rechtsalterthümer S. 817; ähnlich auch ponere, woher der Ausdruck für den Westen „Ponente" z. B. in Genua von dem 13. Jahrhundert bis auf den heutigen Tag bekannt ist (vgl. Jacobi Auriae Annal. Genuens., lib. 10 ad ann. 1290, citirt bei Du Cange).

sibi debitum solvere". Es ist geradezu unmöglich, hier „antequam sol collocet" zu übersetzen „ehe der Kläger die Sonne gesetzt hat", denn die sog. „Sonnesatzung" kann überall nur da vorgenommen werden, wo der Gegner zu einer Handlung resp. zum Erscheinen verpflichtet ist. Das ist er aber hier nicht; er soll vielmehr erst zu einem späteren Termine geladen werden. Demnach kann in dieser Stelle „antequam sol collocet" nur heissen: „ehe die Sonne sich setzt", i. e. „vor Sonnenuntergang", und ist die nähere Erläuterung zu dem „festinanter illa die".

Heisst nun an dieser Stelle, wo übrigens alle Handschriften den Nominativ haben, „sol collocet" „die Sonne geht unter", so spricht meines Erachtens von vorn herein die grösste Wahrscheinlichkeit dafür, dass „solem collocet" an den anderen Stellen genau dasselbe heisst. Bei der in der lex Salica bunt durcheinander gehenden Vermengung der Casus scheint es mir schlechthin unzulässig, ohne die zwingendsten Gründe zwischen „sol collocet" und „solem collocet" einen derartigen Unterschied zu statuiren, dass das Erste eine Erscheinung an der Sonne, das Zweite eine menschliche Handlung bezeichnen soll.

Es giebt einen Prüfstein für die Richtigkeit meiner Behauptung. Ist nämlich „solem collocet" eine menschliche Handlung, so ist die Person des Fordernden Subject zu „collocet", der bei „collocet" stehende Dativ muss also die Person des Schuldners bezeichnen; ist dagegen „solem collocet" dasselbe, wie „sol collocet", so muss der hinzutretende Dativ die Person des Fordernden be-

3*

zeichnen. Leider ist aber dieser Dativ in der lex Salica in fast allen Fällen — in manchen fehlt er ganz[34] — das zweideutige „ei"[35]), das sowohl den Kläger wie den Beklagten bedeuten kann. Nur in einer einzigen Stelle findet sich eine nähere Bezeichnung der Person, und ich halte diese Stelle für durchschlagend. Es ist Sal. 40, §§ 7 und 8, handelnd von der an den Herrn eines Sklaven, der sich etwas hat zu Schulden kommen lassen, gerichteten Aufforderung zur Herausgabe des Sklaven zwecks Bestrafung. Der Grundtext lautet:

§ 7. Si dominus servi supplicia distulerit et servus praesens fuerit, continuo domino illo[36]) qui repetit, solem collegere debet et ad eadem septem noctes placitum facere debet, ut servum suum ad supplicium tradat. § 8. Quod si ad septem noctes servo ipso tradere distulerit, solem ei qui repetit collecit. Et sic iterum ad alias septem noctes placitum faciat id est XIV noctes de prima admonitione conpleantur.

Betrachten wir zunächst den § 8. Gehört das „ei qui repetit" zusammen, so steht hier die Person dessen, der bis zum Sonnenuntergang warten soll, im Dativ; denn dass dies Abwarten gesetzlich dem auferlegt würde, der zu einer Leistung (dem Herausgeben des Sklaven zur Bestrafung) verpflichtet, wäre sinnlos, stände auch

---

[34]) Sal. 37; 50, 2 (Pard. u. Merkel § 1) gegen Ende; hier steht unmittelbar hinter einander: „solem ei collocet. Tunc si solem collocaverit."
[35]) Sal. 52; 56.
[36]) Behrend hat dies „illo" durch „ille" ersetzt.

mit dem „sic iterum placitum faciat" des folgenden Satzes in Widerspruch. Soll man also „ei qui repetit" mit „dem Fordernden" übersetzen, oder darf man diese Worte so trennen, dass man „qui repetit" als Subject annimmt, und „ei" auf den Gegner, den Beklagten, bezieht? Das Letztere muss man, wenn die Grimm-Siegel'sche Erklärung des solem collocare richtig sein soll. Ich glaube aber nicht, dass es zulässig ist. Denn wenn auch in der lex Salica das Subject gelegentlich nur durch einen Relativsatz ausgedrückt wird, so ist doch Regel, dass diesem ein „ille", „is", „ipse" oder dergleichen vorangeht[37]), und es giebt in der lex Salica kein einziges Beispiel, wo ein einem Relativpronomen unmittelbar vorhergehendes Demonstrativpronomen sich auf ein anderes Substantiv bezieht, als jenes Relativum. Deshalb muss man auch an unserer Stelle „ei qui repetit" verbinden: und damit wäre der Beweis geliefert, dass die Person des den Sonnenuntergang mit seinen Zeugen Abwartenden und Constatirenden zu „solem collocat" in den Dativ tritt, dass also „solem collocat" und „sol collocat" gleichbedeutend sind und heissen: „die Sonne geht unter". Danach werden wir auch in dem unmittelbar vorangehenden § 7 „domino illo qui repetit" als zusammengehörig betrachten, und „domino illo" als Dativ auffassen müssen, was bei der Declinationsweise der lex Salica kein Bedenken haben kann. Dass sich das „domino" hier auf den den Sklaven

---

[37]) S. z. B. Sal. 37; 42; 45; 47, 2; 49, 1; 53, 1; 63.

Fordernden, nicht auf den den Sklaven Besitzenden bezieht, ist auch die Auffassung mancher der späteren Abschreiber, wie das die Lesarten mehrerer Texte deutlich zeigen.

Es haben Text 3 und 1 m:
„ipse qui repetit dominus servi",
Text 2:
„ipse qui repetit dominus domino servi".

Ein scheinbares Hinderniss für meine Auffassung des „solem collocat" bietet Sal. 40, § 10:

„Quod si servus absens fuerit cui aliquid inputatur, tunc reppetens domino servi secrecius tribus testibus praesentibus admonere debet ut servum suum infra VII noctis praesentare debeat. Si infra septem noctes non eum praesentaverit tunc repetens solem ei cum testibus collegare debet et sic ad alias septem noctis placitum faciat. Quod si nec ad alias septem noctis ipsum servum non praesentaverit, terciam vicem adhuc septem noctis illi spacium dare debet id est ut totus numerus XXI noctis veniant."

Wir haben hier drei einander nach je sieben Tagen folgende Aufforderungen, die ausgedrückt sind durch „reppetens — — admonere debet", „repetens solem ei collegare debet", „terciam vicem spacium dare debet". Hier scheint es auf den ersten Blick geradezu zweifellos, dass in den Worten, die über die zweite Aufforderung handeln, der Fordernde als Subject (repetens) zu dem „solem collegare debet" gesetzt ist. Ich sage: es scheint, denn in der That ist es nicht der Fall. Dies zweite „repetens" ist mit dem ersten „reppetens" (admonere debet) durchaus nicht gleichbedeutend; es bezeichnet gar nicht die Person des Fordernden, sondern heisst: „zum zweiten Male". Der Beweis dafür lässt sich zwar nicht strikt, aber, wie ich glaube, genügend, um zu überzeugen, führen.

Einmal nämlich ist das erste „reppetens" ausschliessliche Lesart des Codex 1 a.

Es lesen

Text 1 m: „dominus servi a repetenti cum tribus test. secr. adm. deb."

Text 4 a: „dominus servi a repetente trib. test. praes. secr. adm. deb."

Text 3: „dominus servi repetenti secr. adm. deb."

Text 1 g: „dominus ad repetanti cum trib. test. s. a. d."

Herolds Text: „dominus servi a repetentibus tertio admoneri debet".

Text 2: „dominus servi ad repetentibus testibus praes. s. a. d."

Text 4 b: „dominum servi ille qui repetit s. a. d."

Text 5: ebenso, nur statt „ille": „is".

Danach glaube ich annehmen zu dürfen, dass im Texte ursprünglich „a repetente" stand. Das beweist für das zweite „repetens" an sich zwar gar nichts, beseitigt aber für meine Interpretation des zweiten „repetens" immerhin das Bedenken, dass dieselbe Wortform so kurz hintereinander in zwei verschiedenen Bedeutungen gebraucht sein solle. Wir erhalten also dadurch für die Erklärung des zweiten „repetens" freie Hand.

Nun kann „repetens" „der Fordernde" heissen, es kann aber auch = „iterum" „zum zweiten Male" oder genauer „wiederholt" heissen, und kommt in dieser Bedeutung schon zur Zeit der classischen Latinität mindestens in der poetischen Sprachweise vor. Welche der beiden Bedeutungen des „repetens" sollen wir wählen?

Für ein Hervorheben des Umstandes, dass derjenige, der die zweite Aufforderung macht, derselbe ist, der die erste an den Herrn des Sklaven richtete (is qui repetit), ist gar kein Grund vorhanden: auch bei der dritten Aufforderung ist dies nicht betont; wohl aber erfordert das „terciam vicem" vor dem „spacium dare debet" ein „iterum" vor dem „solem collegare debet", und da „repetens" „wiederholt" heisst, haben wir es hier in dieser Bedeutung zu nehmen. So heisst diese Stelle: „Zum zweiten Mal soll dann (beim Erwarten der Leistung) dem Fordernden (illi) mit seinen Zeugen die Sonne sich legen." Ebenso ist im weiteren Verfolg des § 10 „et repetens per singulos placitos solem collegaverit" zu interpretiren: „und wiederholt an den einzelnen Terminen dem Wartenden die Sonne unterging". — Uebrigens will ich noch darauf aufmerksam machen, dass im § 10 der Codex 1 a, wo „repetens" = „wiederholt" steht, es mit einem p schreibt, wogegen er sein erstes „reppetens" = „der Fordernde" mit zwei p, und ebenso nachher „reppetitionem" schreibt.

Ich will nicht unterlassen, zu betonen, dass die vorstehende Ausführung nur die Bedeutung des „solem collocare" in dem ursprünglichen Texte der lex Salica klar stellen sollte. Dass diese Bedeutung im Laufe der Zeit missverstanden wurde, und dass die späteren corrumpirten Texte, und ebenso auch der uns vorliegende Text der emendata „solem collocare" = „die Sonne satzen" interpretiren, kann nicht zweifelhaft sein; dieselbe Bedeutung wurde auch dem in der lex Salica nicht vorkommenden Ausdrucke „solsatire" beigelegt, wie das am klarsten aus der Pluralform „solsadissent" hervorgeht, welche das von Pertz veröffentlichte Facsimile der Urkunde Chlodwich III. vom 5. Mai 692 scharf ausgeprägt zeigt[38]).

Mir scheint es nicht bedenklich, hier eine aus Missverstand im Laufe von einigen Jahrhunderten hervorgegangene Veränderung der Bedeutung des „solem collocare" anzunehmen, um so weniger, da uns die beiden formulae Andegavenses über „solsadia"[39]) eine noch weitere Abschwächung der Bedeutung von „solsatire" zeigen. In der in beiden gleichlautenden[40]) Schlussformulirung:

„Quos presentis placitus ipsius fuit custoditus aut solsaditus, aut hanc noticia manibus eorum subter firmaverunt",

heisst es schon nicht mehr, „dem Gegner wird die Sonne

---

[38]) MM. GG. DD. S. 53 f. mit der Beilage.
[39]) Rozière, formules II 500 und 501 (S. 601 f.).
[40]) Abgesehen von orthographischen Differenzen.

gesatzt", sondern „der Termin wird gesonnesatzt" = der Termin wird abgewartet bis Sonnenuntergang. Solsatire (placitum) ist völlig gleich custodire oder adtendere (placitum)[41] geworden.

Für die lex Salica scheint mir
1) absolut sicher, dass „sol collocat" in Sal. 50 § 2 gar nicht heissen kann „er satzt die Sonne", sondern nur „die Sonne geht unter";
2) nach Sal. 40 § 8 mindestens im höchsten Grade wahrscheinlich, dass auch an allen anderen Stellen des Gesetzes „solem collocat" ebenso zu verstehen ist.

Heisst nun solem collocare in der lex Salica überhaupt nicht „den Sonnenuntergang abwarten", sondern nur „sol collocat" „die Sonne geht unter", so heisst auch in der Sal. 57, auf die ich nach diesem Excurs über das „solem collocare" jetzt zurückkomme, „solem collocatum" nicht „für das Abwarten des Sonnenuntergangs", sondern einfach „nach Sonnenuntergang".

Danach ergiebt sich die Sohm'sche Auffassung, wonach die eigentliche Strafe für die Rechtsverweigerung die 15 solidi des § 2 sind, und die 3 solidi des § 1 dem Kläger nur „als Schadenersatz für den verlorenen Tag" zukommen, als unrichtig. Aber auch noch andere Erwägungen sprechen gegen sie. Warum sollte für seinen Zeitverlust nur der Kläger, nicht auch der Beklagte entschädigt werden? Ferner: da die Strafe der

---

[41] Was ebenfalls in der form. 500 bei Rozière steht.

15 sol. jeder der Urtheiler zahlen muss, wird dies wegen der ganz analogen Formulirung [42]) auch von den 3 sol. gelten müssen, der Kläger also für die Versäumung nur des einen Tages die unverhältnissmässige Summe von 21 sol. erhalten [43]). Auch der ganze Aufbau unserer Stelle steht mit Sohm's Construction in Widerspruch. Die Sal. 57 enthält zwei parallel gestellte Strafbestimmungen, beide mit „Quod si" eingeleitet: als zu strafendes Delict bezeichnet der § 1 „si legem dicere noluerint", also die Verweigerung der Urtheilsfällung, § 2 „si nec legem dicere noluerint nec de ternos sol. fidem facerent", also Verweigerung sowohl der Urtheilsfällung wie des Zahlungsversprechens für die schon verwirkte Strafe. Der Thatbestand beider Strafsatzungen stimmt also bezüglich der Verweigerung der Urtheilsfällung überein; hinzu kommt für die zweite noch die Verweigerung des fidem facere.

Wie Sohm sich der Consequenz entziehen kann, dass es dies Verweigern des fidem facere ist, was das zweite Delict vom ersten unterscheidet und mit 15 sol. geahndet werden soll, verstehe ich nicht: allerdings ist seine Theorie des tangano als eines Formalactes bei dem „wer ihn anwendet, stets auch seinerseits eine Busse riskirt, und zwar regelmässig genau die gleiche, welche

---

[42]) Ebenso nach der Malb. Glosse „schodo", die Sal. 13, 1 wiederkehrt, worauf Siegel S. 146, Anm. 5 aufmerksam macht, und demnach „ein jeglicher in der Gemeinschaft" heisst. Weshalb Kern (in Hessels' Ausgabe der lex Salica § 255) von dieser für Sal. 13, 1 auch von ihm angenommenen Erklärung (l. c. § 77) abweichen zu müssen glaubt, vermag ich nicht einzusehen.
[43]) Dies führt auch aus Cohn S. 35.

für den Gegner auf dem Spiele steht"[44]), mit diesem Resultate nicht vereinbar[45]).

Ist somit sicher, dass die 3 sol. die Strafe sind für das „legem dicere nolle", die 15 sol. für das „nec legem dicere nolle nec de ternos solidos fidem facere", so fragt sich weiter, in welchem Verhältniss diese beiden Strafen zu einander stehen, wann die erste, wann die zweite verwirkt ist. Die Ansichten der Schriftsteller gehen hier weit auseinander. Nach Wiarda[46]) haben die Rachimburgen, „wenn sie in der darauf bestimmten Frist (collocato sole) den Spruch nicht fällten, erst 9[47]) Schill., bei fernerem Zögern noch 15 Schill. Brüche erlegen" müssen; nach Rogge[48]) konnten sich durch Zahlung der 3 solidi die Rachimburgen „vom Schöffenamt befreien", „bezahlen sie aber nicht an dem festgesetzten Termine, so müssen sie Urtheil finden bei einer Strafe von 15 solidi". Siegel[49]) lässt die 3 sol. als Strafe für das Verweigern des Urtheils am Abend des ersten Gerichtstages schuldig werden. „Wollen die Rachimburgen aber auch am zweiten Tage das Urtheil nicht finden, und geloben sie nicht die Zahlung der bereits verwirkten Busse, so schuldet ein Jeder 15 weitere Schillinge. In dem Masse der Dauer der Säumniss steigt

---

[44]) Sohm, Proc. S. 3 und S. 153.
[45]) Vgl. über die Formalactstheorie überhaupt Löning, Vertragsbruch S. 27 ff. und Cohn, J. V. S. 47 ff.
[46]) Wiarda S. 207.
[47]) So liest er statt 3.
[48]) Rogge, S. 73.
[49]) Siegel, S. 146.

die Grösse der Busse". Nach Waitz [50]) müssen die (7) Rachimburgen, wenn sie auf das tangano das Urtheil nicht gaben, „zunächst mit je 3 solidi büssen. Bieten sie auch diesem Trotz, so wartet man bis zum Ende des Gerichtstages, und ist dieser eingetreten, so verfallen sie in die Busse von 15 sol."

Wiarda's Ansicht ist hinfällig mit seiner falschen Erklärung des „sole collocato". Gegen diejenige Rogge's spricht, auch wenn man sie durch richtige Uebersetzung des „sole collocato" modificirt, der Umstand, dass die Rachimburgen schon zur Zeit, wo das tangano an sie ergeht, als Schöffen fungiren, von einer späteren Befreiung vom Schöffenamte also nicht mehr die Rede sein kann.

Siegel's Auslegung entspricht dem Herold'schen Texte und der emendata, ist aber mit den anderen, älteren Texten nicht wohl vereinbar, denn in diesen findet sich nicht die leiseste Andeutung, dass das Delict des § 2, welches mit 15 sol. geahndet werden soll, an einem späteren Tage begangen wird, als dasjenige des § 1.

Wie Waitz seine Ansicht, dass die Rachimburgen wegen der Urtheilsweigerung „zunächst" je 3 sol., dann am Ende desselben Tages noch 15 sol. zu zahlen hätten, mit dem Wortlaute der lex Salica vereinbaren will, ist mir nicht klar geworden: um so weniger, da er in seinem Texte [51]) das „ante" vor „solem collocatum" einklammert.

---

[50]) Waitz, das alte Recht S. 169.
[51]) Waitz, Ebendas., S. 264.

Deutlicher dagegen sind die Gründe, auf welche Cohn die gleiche Interpretation stützt. Da er der einzige Schriftsteller ist, welcher für Beibehaltung des in Pardessus' erstem Text im § 1 vor „solem collocatum" sich findenden und von Behrend gestrichenen, resp. in die Note verwiesenen „ante" eintritt, wird sich bei der Besprechung seiner Ansicht zugleich ergeben, ob dies „ante" für unsere Stelle überall von Bedeutung ist.

Cohn deutet [52]) das „ante s. c." = „antequam sol collocet (festinanter)" und versteht es dahin, dass die Rachimburgen sofort, und nicht erst bei Sonnenuntergang, auf das tangano antworten müssten, widrigenfalls sie 3 sol. Strafe träfen. Er sagt wörtlich: „Für die älteste Zeit wenigstens ist es den Rachimburgen nicht vergönnt, den Urtheilsvorschlag bis zum Untergang der Sonne zu verschieben; das tangano — — verlangt in Sal. 57 § 1 sofortige Beantwortung bei Vermeidung der gesetzlichen Strafe von 3 solidi Seitens jedes Rachimburgen."

Wie aber „ante solem collocatum" zu der Bedeutung „sofort" kommen soll, scheint schwer einzusehen. Cohn beruft sich dafür auf lex Sal. 50 § 2 (§ 1 nach Merkel). Diese Stelle handelt von dem thunginus, der einen säumigen Schuldner, welcher fidem fecit, zur Zahlung mahnen soll, und lautet nach Pardessus' erstem Text und Behrend: „Et festinanter ad domum illius illa die, antequam sol collocet, cum testibus ambulare debet et rogare sibi debitum solvere", nach Merkel:

---

[52]) S. 57.

„Et festinanter [illa die antequam sol collocet] ad domum illius cum testibus ambulare" etc. Da Cohn diese Stelle als § 1 citirt, so hat er sich offenbar an die Merkel'sche Ausgabe gehalten, dann, vielleicht durch die Klammer verführt, „festinanter" und „antequam sol collocet" für vollständig gleichbedeutend gehalten, und nun geschlossen: wenn in l. 50 „festinanter" „antequam sol collocet" heisst, so heisst in l. 57 „ante solem collocatum" — „festinanter"! Ich wüsste wenigstens nicht, wie sonst Cohn zu dieser merkwürdigen Interpretation hätte kommen können. Er übersieht dabei, dass in Sal. 50 das „antequam sol collocet" gerade eine Einschränkung des „festinanter" enthält: es ist nicht erforderlich, dass der Gläubiger augenblicklich sich auf den Weg macht, er soll nur vor Sonnenuntergang, d. h. vor Beendigung des Gerichtstages den Schuldner zur Zahlung auffordern. — Beruht nun aber die Uebersetzung des „ante solem collocatum" mit „sofort" auf einem Irrthum, und heissen diese Worte nichts weiter als „vor Sonnenuntergang", so ist es materiell nicht von grosser Bedeutung, ob wir das „ante" stehen lassen oder streichen, und in letzterem Falle den Accusativ als Ablativus absolutus nehmen, also übersetzen: „vor Sonnenuntergang", oder: „nach Sonnenuntergang". Dass das Letztere das Richtige ist, ergiebt sich aus dem Verhältniss der Strafbestimmung des § 1 zu der des § 2, wie wir es durch Purification des Textes gewinnen. Denn die Lesart, welche Pardessus und Behrend geben, kann zu einem klaren Resultate nicht führen. Nach ihr muss das „solem collocatum" in § 1 nothwendig zu

„culpabilis iudicentur" gezogen werden, wogegen man im § 2 die Wahl hat, ob man es zu „fidem facerent" oder „culpabiles iudicentur" ziehen will. § 1 würde danach bestimmen, dass die Rachimburgen nach Sonnenuntergang vor Gericht schuldig erkannt werden sollen; das ist um deswillen unmöglich, weil nach Sonnenuntergang überhaupt kein Gericht gehalten wurde [53]). Wir finden aber statt des „culpabilis iudice(n)tur" im § 1 in manchen Handschriften andere Lesarten, die einen angemesseneren Sinn ergeben.

Pardessus' zweiter Text lautet:
> Quod ille noluerint, VII de illis rationeburies, collegato sole, III solidos solvant.

Die Wolfenbütteler Handschrift (Pard. S. 184):
> Quod nec ille legem dicere noluerit, vir de illis raciniburgiis collecato sol ternus solidos solvat [54]).

Setzen wir mit Merkel und Sohm dieses „solvant" in den Text statt des „culpabilis iudicentur", so ergiebt sich als Bestimmung unserer Sal. 57, 1 Folgendes:

„Wenn nach geschehenem tangano die Rachimburgen ein Urtheil nicht fällen, so sind sie schuldig, eine Strafe von 3 solidi nach Sonnenuntergang (d. i. nach Beendigung des Gerichtstages) zu zahlen."

---

[53]) Ich will übrigens nicht unterlassen, ausdrücklich darauf hinzuweisen, dass man hieraus nicht folgern darf, es sei in § 1 „ante sol. coll." zu lesen. Es müssten dann die Rachimburgen sich selbst schuldig erkennen — und wie, wenn sie hier abermals das Urtheil verweigerten?

[54]) Die Münchener Handschrift (Pard. S. 215) lässt den ganzen Satz weg.

Im § 2 ist dann „solem collocatum" zu „fidem facerent" zu ziehen, und er bestimmt demnach:
„Wenn die Rachimburgen, nachdem das „tangano" erfolgt, weder am Gerichtstage geurtheilt haben, noch nach Beendigung des Gerichtstages die gesetzliche Strafe von 3 solidi bezahlt haben, so sollen sie zu einer Strafe von 15 solidi verurtheilt, d. h. also auf einem späteren Gerichtstage verurtheilt werden."

Die Strafe des § 1 von 3 solidi ist danach eine gesetzlich sofort eintretende, welche der Feststellung durch Urtheil nicht erst bedarf, die des § 2 von 15 solidi eine erst durch Urtheil zu erkennende: und sie ist zu erkennen als Strafe für die Nichtzahlung der gesetzlich verfallenen des § 1.

Diese selbe Strafsumme findet sich da, wo Jemand fidem fecit und doch bis zum nächsten Gerichtstage nicht zahlt.

Sal. 50, 1. Et si ei noluerit fidem factam solvere — — solidos XV super debitum quod fidem fecerit, culpabilis judicetur.

Es wird also derjenige, der eine ihm vom Gesetz auferlegte Zahlung verweigert, demjenigen gleichgestellt, der trotz des feierlichen Zahlungsversprechens nicht zahlt: eine Norm. die man nur correct finden kann. Danach wird dann auch die Strafe von 15 solidi — ebenso wie in Sal. 50, 1 — cumulativ zu der Strafe von 3 solidi hinzuzutreten haben [55]).

---

[55]) Diese Cumulation nimmt auch an Siegel S. 147; ausdrücklich bestreitet sie Cohn S. 38.

Somit würden die §§ 1 und 2 unserer Sal. 57 zu übersetzen sein:

1) „Wenn die auf den Gerichtsbänken sitzenden Rachimburgen bei einem vor ihnen verhandelten Prozesse die Urtheilsfällung verweigern, soll der Kläger zu ihnen sagen: »Ich tanganire Euch, dass Ihr Recht sprechet nach salischem Recht.« Sprechen ihm jene sieben Rachimburgen trotzdem (bis Sonnenuntergang) das Urtheil nicht, so sollen sie je 120 Denare, gleich 3 solidi, nach Sonnenuntergang dem Kläger zahlen."

2) „Geben sie trotz ihrer (nach dem tangano fortdauernden) Urtheilsverweigerung das Zahlungsversprechen für die 3 solidi nach Sonnenuntergang nicht, so sollen sie für schuldig erkannt werden, noch dazu 600 Denare, gleich 15 solidi, zu zahlen."

Diese Bestimmungen bildeten jedenfalls einen genügenden Schutz gegen die Justizverweigerung und -verzögerung [56]), zumal es den Rachimburgen auch nicht gestattet war, sich auf Unkenntniss des Gesetzes zu berufen. Dies letztre ist zwar in der lex Salica nicht ausdrücklich ausgesprochen, und das „si noluerint" könnte zu dem Schluss verleiten, dass die Voraussetzung der genannten Strafbestimmungen dolus der Rachimburgen sei: allein gegen diese Einschränkung der Bedeutung von „noluerint" spricht die Analogie des § 3.

---

[56]) Beides erscheint in der lex Salica als ein Delict: als Nichtsprechen des Urtheils auf erfolgtes tangano.

Nach diesem trifft die gleiche Strafe von 15 solidi, welche nach § 2 den Rachimburgen trifft, der weder Recht spricht noch die 3 solidi zahlt, denjenigen, der ein ungerechtes Urtheil fällt, schlechthin, mag er dabei dolos handeln oder nicht. Dass es dabei keinen Unterschied macht, ob dolus oder culpa vorliegt — ebenso wie in §§ 1 und 2 — ist völlig der einfacheren Anschauung der damaligen Zeit angemessen, und eine culpa lag in dem Mangel an Rechtskenntniss auf jeden Fall. Es war eben Pflicht der „in mallobergo sedentes rachineburgii", nicht nur das Recht zu sprechen, sondern auch das Recht zu kennen; und diese Rechtskenntniss musste desshalb bei jedem freien Franken vorausgesetzt werden: wie ja überhaupt eine Rechtsprechung durch beliebig aus dem Volk herausgegriffene Männer nur da einen Sinn hat, wo die erforderliche Rechtskenntniss bei Jedermann aus dem Volke thatsächlich vorhanden ist.

Darüber, wie der Beweis der Unrichtigkeit des Urtheils zu führen ist, ergiebt die lex Salica keinerlei Anhalt. Doch dürfte die Ansicht die richtige sein [57]), dass die Urtheilsschelte in der späteren Form [58]) hier Platz griff [59]). Jedenfalls war der Beweis vor einem späteren, mit andern Urtheilern besetzten Gericht [60]) zu erbringen, und dies hatte dann die Verurtheilung der Rachimburgen auszusprechen [61]).

---

[57]) Vgl. Brunner, Schwurgericht, S. 46 f.
[58]) Vgl. Planck, Gerichtsverfahren I. § 39.
[59]) Vgl. Siegel § 22.
[60]) Nicht wie Wiarda S. 218 sagt: „einer höheren Instanz", „nach Bewandniss der Umstände vor dem Könige selbst".
[61]) „Culpabiles iudicentur".

Dass das erwiesenermassen „non secundum legem" gefällte Urtheil nichtig war, kann keinem Zweifel unterliegen, auch wenn die lex Salica das nicht ausdrücklich erwähnt. Es war somit jeder Partei ein Rechtsmittel gegen das ungerechte Urtheil, sowie die Möglichkeit, bei Rechtsverweigerung und ungerechtem Urtheil Bestrafung der Richter herbeizuführen, und dadurch in der That genügende Sicherheit gegen Missgriffe der Rachimburgen gegeben. Sein nothwendiges Correlat fand dieses Berufungsrecht in dem spätern Gesetz, dass, wie jeder der unrichtig urtheilenden Rachimburgen 15 solidi Strafe zahlen muss, so derjenige, der mit Unrecht ein Urtheil angreift, jedem Rachimburgen dieselbe Summe zu zahlen schuldig ist [62]).

Ein Recht der Appellation an das Königsgericht gab es nicht [63]) — abgesehen von den Fällen, wo durch besondre Privilegien ein jus reclamandi gegen in Folge der Härte des Volksrechts herbeigeführte Beeinträchtigung gewährt war [64]). Allerdings nimmt Waitz [65] die Möglichkeit einer Appellation an, aber die Belege, welche er anführt, beweisen die Richtigkeit seiner Behauptung nicht. Auch präzisirt er die Voraussetzungen dieser Möglichkeit im Einzelnen nicht genau, und erklärt sogar ausdrücklich [66]), dass er „ein bestimmtes Recht zur Appellation nicht annimmt." So erscheint nach seiner Darstellung

---

[62]) Zusatz zu Sal. 57, 3 bei Behrend.
[63]) So auch Pernice, de comit. palat. I. S. 18.
[64]) Darüber vgl. Brunner, Schwurgerichte, S. 71 ff.
[65]) Waitz, V. G. II, 2, S. 186 ff. — Aehnlich Wiarda S. 218 ohne Angabe von Gründen.
[66]) Waitz, V. G. II, 2, S. 187, Anm. 2.

diese Appellation als ein vages Rechtsmittel, für dessen Existenz er sich besonders auf Sal. 56 beruft[67]). Allein diese von der hartnäckigen Verweigerung der Urtheilserfüllung handelnde Stelle ist gewiss nicht so zu verstehen, als habe das Königsgericht noch einmal zu prüfen, ob der Ausspruch des Volksgerichts materiell richtig war. Vielmehr handelt es sich in dem Verfahren vor dem König nur noch um Execution, nicht um Cognition, worüber der Wortlaut einen Zweifel nicht wohl gestattet. Auch die übrigen von Waitz citirten Stellen beweisen die Möglichkeit, gegen ein Urtheil an das Königsgericht zu appelliren, nicht. Lex Ripuaria 32, 4 handelt von dem Fall, wo jemand die Rechtmässigkeit einer über ihn wegen Nichterscheinens vor Gericht auf Antrag seines Gegners vom Grafen ohne richterliches Urtheil zu vollstreckenden Execution bestreitet (Quod si ipsam strudem contradicere voluerit), bezieht sich also auf die Appellation gegen ein Urtheil so wenig, wie die Formel Marculf I, 28, welche sich auf Justizverweigerung bezieht, und edict. Chilperici c. 7, das von einer überhaupt erst vor dem Königsgericht anzubringenden Klage gegen den seine Amtsgewalt missbrauchenden Grafen handelt[68]).

Von einer Appellation an das Königsgericht ist in den von Waitz angeführten Stellen die Rede nur bei Gregor VII, 23, wo berichtet wird, dass einem gewissen Iniuriosus durch gerichtliches Urtheil auferlegt war, sich von dem Verdacht, einen Juden Armentarius ermordet zu haben, durch Eid zu reinigen. Die Verwandten des

---

[67]) Waitz, ibi S. 187 a. E. und das alte Recht S. 183 f.
[68]) Vgl. unten Abschnitt III. a. E.

ermordeten Armentarius beruhigten sich bei diesem Urtheil nicht und luden den Iniuriosus vor den König, erschienen dann aber selbst nicht im Termin, so dass es zu einem Urtheil im Königsgericht nicht kam. Durch diese einzige Stelle wird die Zulässigkeit der Appellation an das Königsgericht gewiss nicht bewiesen. Die mannitio vor das Königsgericht, wie vor jedes andere competente, konnte stets und gegen jeden erfolgen. Ausschlaggebend für unsere Frage könnte es nur sein, wenn wir ein in dieser Sache wirklich ergangenes Urtheil des Königsgerichts besässen. Von einem solchen scheinen sich die Kläger selbst keinen Erfolg versprochen zu haben, und nach allem, was wir über die fränkische Gerichtsverfassung wissen, würden sie auch mit ihrer Klage nicht durchgedrungen sein: und zwar, weil bereits durch das Volksgericht in der Sache erkannt, und gegen Urtheile des mallus legitimus die Appellation an das Königsgericht — abgesehen von der oben erwähnten Reclamation — unzulässig war.

III.

Der Rechtsschutz gegen den Grafen nach der lex Salica.

Wie die lex Salica zwei die Rachimburgen betreffende Strafsatzungen enthält, eine für die Urtheilsverweigerung, die zweite für die Fällung eines ungerechten Urtheils, so bedroht sie auch in zwei Fällen den mit der Zwangsgewalt ausgerüsteten königlichen Beamten, den grafio, mit Strafe: falls er ohne rechtfertigenden Grund, ohne „echte Noth", der an ihn seitens einer Partei rite ergangnen Aufforderung zur Execution nicht nachkommt, — also den Kläger schädigt —, und falls er bei Ausführung der Execution seine Befugnisse überschreitet — also den Beklagten schädigt.

Die erste dieser Bestimmungen ist enthalten in Sal. 50 (de fides factas). Ihr ist vorangestellt eine Darlegung der Handlungen des Klägers, welche dem von dem Grafen vorzunehmenden Executionsverfahren voranzugehen haben, sowie Vorschriften über dies Verfahren selbst [1]).

---

[1]) Auf das bestrittene Verhältniss des § 3 (nach Pardessus und Behrend; § 2 nach Merkel) zu den § 1 und 2 (Merkel § 1) einzu-

Wenn der Graf von einem Gläubiger, welcher trotz geschehenen Erfüllungsversprechens Zahlung vom Schuldner nicht erlangte, in vorgeschriebener feierlicher Form zur Pfändung aufgefordert ist, so soll er mit sieben von ihm selbst berufenen Rachimburgen zum Hause des Beklagten gehen und Zahlung fordern. Erfolgt diese nicht, so sollen die Rachimburgen die Ausscheidung der zu pfändenden Vermögensstücke vornehmen, nachdem der Graf ihnen angegeben, bis zu welchem Werthe Sachen gepfändet werden sollen [2]).

§ 4. „— — tunc rachineburgii praecium, quantum valuerit debitus [3]) quod debet, hoc de furtuna sua illi tollant et de ipsa secundum legem quae debet, duas partes cujus causa est, tertia parte grafio frito ad se recolligat, si tamen fritus iam ante de ipsa causa non fuit solutus [4])."

Unmittelbar hieran schliesst sich die Strafbestimmung gegen den Grafen, nach Behrend's Text:

§ 5. „Si grafio rogitus fuerit et sunnis eum

---

gehen, liegt ausserhalb des Zwecks dieser Abhandlung. Die verschiedenen Ansichten s. bei Sohm, Proc. S. 28 ff., Behrend, Proc. S. 68 ff., Loening, Vertragsbruch I, S. 40, Anm. 8.

[2]) Das letzte folgt aus 51, 2; die Fortnahme der Sachen geschieht durch den Grafen selbst (resp. seine Diener), was Sal. 51, 2 und edict. Chilp. § 7 (Behrend S. 107; als § 8 LL. I. ed. nov. No. 4, S. 9) beweisen. Vgl. auch Sohm, Proc. S. 173—174. — Darüber, dass diese Rachimburgen nicht „das Gericht" sind siehe Sohm, G.-V. I S. 81 f.

[3]) Mehrere Handschriften lesen „debitum": für den Sinn der Stelle kommt darauf nichts an.

[4]) d. h. an die sacebarones gezahlt war, siehe oben Abschnitt I im Text bei Anm. 23.

non tenuerit aut certa ratio dominica, et si distulerit ut non ambulet neque in rem mittat, qui cum legem et justitiam exigere debeat, de vita culpabilis esse debet aut quantum valet se redemat."

Bestritten ist bei dieser Stelle die Deutung der Worte „de vita culpabilis esse debet aut quantum valet se redemat", und es wird nöthig sein, die verschiedenen Lesarten der einzelnen Texte etwas näher zu betrachten.

Wir finden hier drei Varianten:

1) Der Grundtext 1a liest: „de vita culpabilis esse debet aut quantum valet se redemat." Mit ihm stimmt 1g (Wolfenbüttler Handschrift): „de vita culpabilis esse debiat, aut redemat quantum valit."

2) Text 3, 5, H, die statt „culpabilis esse debet" „conponat" haben: „aut se redemat, aut de vita conponat;" mit denen überein kommt 4a: „de vita sua gravio conponat aut se redemat quantum valet." und 4b: „de sua vita sit satisfactum aut se redemat quantum valet."

3) Text 2: „de vita culpabilis esse debet, ut si quantum valuerit redemat." Und 1m (die Münchener Handschrift): „de vita conponat ut quantum valet se redemat", welche statt „aut" „ut" schreiben.

Vergleichen wir diese Varianten mit einander, so drängt sich zunächst die Frage auf, ob zwischen „de vita culpabilis esse debet" und „de vita conponat" dem Sinn nach ein Unterschied zu machen sei. Die erstre dieser Wendungen kann jedenfalls nur heissen: „er soll sein Leben verwirkt haben", also: „er soll des Todes schuldig sein." Die letztre kann als gleichbedeutend mit der erstren aufgefasst werden [5] („er büsse mit seinem Leben"); man könnte aber auch interpretiren: „er soll die compositio für sein Leben, d. h. sein Wergeld zahlen", und so hat die Worte in der That Pardessus [6] verstanden.

So ansprechend diese letztre Erklärung erscheint, und so sehr man geneigt sein möchte, in dem Verdrängen der Todesstrafe durch die Wergeldsstrafe eine Milderung späterer Zeit zu sehen, so muss sie doch als verfehlt bezeichnet werden.

Entscheidend dafür scheint mir einmal die Parallelstelle Sal. 51, 2 zu sein:

Si vero grafio invitatus supra lege aut debitum justum aliquid amplius tollere presumpserit, aut se redimat aut de vita conponat",

wo alle Handschriften das „conponat" haben.

Es ist augenscheinlich, dass den Grafen dieselbe Strafe treffen soll, wenn er seine Pflicht nicht erfüllt (Sal. 50, 5), wie wenn er seine Befugniss überschreitet (Sal. 51, 2). Wollte man annehmen, dass hier in der That eine feine Nuancirung stattfände, wonach der säumige Graf event. den Tod zu erleiden, der seine Amtsbefugniss überschreitende nur das Wergeld zu zahlen hätte [7], so würde dieser Unterschied wieder illusorisch

---

[5] So die ganz überwiegende Mehrzahl der Schriftsteller; z. B. Sohm, Proc. S. 177.

[6] Pardessus, Loi salique Note 587, S. 395. — Vgl. unten Anm. 11.

[7] Gleich „conponat" in diesem Sinne hätte man dann auch zu erklären: Cap. ad leg. Sal. 5 § 7 (Behrend S. 107; als § 8 LL. I ed. nov. No. 4, S. 9) „Et si graphio super praetium aut extra legem

sein wegen des in beiden Fällen statthaften „se redimere", und bei den Handschriften, die auch Sal. 50, 5 „conponat" lesen, fehlte sie überhaupt. Sodann aber steht Sal. 58 i. f. „de sua vita conponat" ganz zweifellos in dem Sinn gebraucht: „er büsse mit seinem Leben." Denn es wird hier als Strafe für einen Mörder angedroht, der das Wergeld nicht zu zahlen vermag [8]).

Wir müssen danach also „de vita conponat" und „de vita culpabilis esto" als gleichbedeutend betrachten, und der letztern Lesart, als der der bessern Handschrift den Vorzug geben.

Es wird also dem pflichtwidrig handelnden Grafen hier der Tod angedroht: aber nicht schlechthin, sondern nur alternativ: „aut quantum valet se redemat" fügt unsre Stelle hinzu. Auch hier freilich zeigen die Handschriften Verschiedenheiten: zwei Texte geben statt „aut" „ut", allein sämmtliche andern, darunter der beste, „aut". Wir werden also dies „aut" als die richtige Lesart anzusehen haben; weshalb es von einzelnen Abschreibern in „ut" verändert wurde, wird sich nachher zeigen. Drei Texte von untergeordneter Bedeutung haben statt des einfachen „aut": „aut — aut" gesetzt, eine Verschiedenheit, die für den Sinn nicht weiter in Betracht kommt, und auf die Cohn ohne Grund Gewicht legt [9]). Auf jeden Fall haben wir hier eine alternative Strafandrohung.

---

aliquid tollere praesumpserit, noverit se vite suae periro dispendium".

[8]) Vgl. auch unten im Text Anm. 15.
[9]) Cohn, J. V. S. 64, Anm. 13.

Zunächst handelt es sich nun darum, festzustellen, was diese zweite Alternative „aut se redemat" besagen will. Waitz, Das alte Recht der salische Franken, S. 201, erklärt bezüglich dieser Stellen: „Auch da wo das Gesetz zunächst Todesstrafe aussprach, war die Lösung mit dem Wergelde zulässig." Er hält also das „se redemat" und „quantum valet se redemat" für „sich mit dem Wergelde lösen"[10]). Ich halte das für unrichtig. Wo die l. Sal. sonst von Zahlung des Wergeldes spricht, nennt sie stets die Summe, welche es ausmacht, und es widerstreitet ihrer überall bestimmten Ausdrucksweise, für eine ein für allemal feststehende Summe — das Wergeld des Grafen ist 600 solidi (l. Sal. 54) — einen so unbestimmten Ausdruck, wie „quantum valet" zu gebrauchen. Dieser Ausdruck beweist vielmehr, dass es sich hier um einen von vornherein nicht feststehenden, sondern erst nach den Umständen des einzelnen Falls zu ermitteln-

---

[10]) Ebenso u. a.: v. Bethmann-Hollweg IV. S. 466, Anm. 13; Cohn, J. V. S. 64 und S. 75 („dieses Redemptionsrecht ist im Compositionensystem selbstverständlich". Vgl. dawider die unten Anm. 12 angeführte l. Alam. Lantfr. 22); Sohm, Proc. S. 170, G.-V. S. 62, Anm. 15, Zeitschrift für Rechtsgeschichte 5, 412. Am letztgenannten Ort beruft sich Sohm als Beweis dafür, dass überhaupt „wer zum Tode verurtheilt ist, sich durch Zahlung seines Wergeldes lösen kann", auf die decretio Childeberti (LL. I ed. nov. No. 7, c. 5 (S. 16):

„De homicidiis vero ita jussimus observare, ut quicumque ausu temerario alium sine causa occiderit, vitae periculum feriatur. Nam non de precio redemptionis se redimat aut componat".

Dieses Gesetz sagt aber nicht, dass der Mörder sich künftighin nicht mehr mit seinem Wergelde vom Tode solle loskaufen können, sondern dass er den Tod erleiden solle, anstatt, nach früherem Recht (cfr. l. Sal. 41) das Wergeld des Erschlagenen zahlen zu müssen.

den Betrag handelt. „Quantum valet" kann demnach nicht heissen: „so viel, wie der Graf werth ist," sondern nur: „so viel wie die Sache werth ist." „Die Sache ist aber in l. Sal. 50 der Betrag, den der Graf durch die Execution einziehen sollte, in l. Sal. 51 dasjenige, was er ungerechter Weise zu viel („supra legem aut debitum") eingezogen hat. Die Richtigkeit dieser, übrigens auch von Pardessus[11]) angenommenen, Erklärung wird auch noch dadurch bestätigt, dass es in dem § 4 der l. Sal. 50 bei der Execution gegen den Schuldner heisst:

„Quod si audire noluerit praesens aut absens, tunc rachineburgii [adpreciando] praecium quan-

---

[11]) **Pardessus** sagt darüber Note 587, S. 395: „Les mots „componere vitam" signifient — — payer une composition égale à celle de la vie. Mais cette expression est précédée ici de „se redimat"; je crois donc que ce rachat consistait à payer au créancier tout ce que lui était dû, si la créance était moindre que la composition pour la vie; si elle était superieure, cette dernière composition était seule due". Gründlich missverstanden ist Pardessus von Cohn (Justizverweigerung, S. 64), dem gegenüber bemerkt werden möge, dass Pardessus weder, wie Cohn behauptet, darauf Gewicht legt, dass „se redemat" in einzelnen Handschriften der Todesstrafe vorangestellt ist, noch „von der Bedeutung des componere vitam als einer dem Wergeld gleichen Composition an dieser Stelle absehen zu müssen glaubt." Im Gegentheil versteht Pardessus das „vitam conponere" auch hier ausdrücklich in diesem Sinn. Er interpretirt unsere Stelle: „entweder zahle er sein Wergeld (aut conponat), oder löse sich durch Leistung des Werths der Schuld, für die er zu pfänden versäumt hat (aut quantum valet se redemat). Das letztere wird er selbstverständlich nur dann thun, wenn dieser Werth geringer ist als das gräfliche Wergeld". — Ich glaube nachgewiesen zu haben, dass Pardessus' Erklärung des „de vita conponat" unrichtig, dass dagegen seine Auffassung des „quantum valet se redemat" zutreffend ist. Die Beschränkung des letztern auf die Höhe des Wergelds muss natürlich wegfallen, wenn das „de vita conponat" sich überhaupt nicht auf das Wergeld bezieht.

tum valuerit debitus quod debet hoc de furtuna sua illi tollant."

Dies „quantum valuerit debitus quod debet" und das „quantum valet", das der Graf ersetzen soll, ist identisch: es ist die durch die Execution einzutreibende Summe. Danach [12]) bestimmen also die citirten Stellen, dass der Graf Schaden, den er durch Säumigkeit oder Uebergriffe bei der Execution verursacht, ersetzen soll, „aut de vita culpabilis esto."
Wir haben demnach nebeneinander gestellt hier als Strafe: Schadensersatz und Todesstrafe. Daraus folgt von selbst, dass die letztere subsidiär ist. Sie ist die Strafe für den Staatsbeamten, der seine Pflicht gröblich verletzt. und sich weigert, den dadurch entstandenen Schaden zu ersetzen.

---

[12]) Zur Bestätigung der Richtigkeit meiner Interpretation dient l. Alam. Lantfr. 22 (LL. IV. S. 96):

„Si quis aliquis homo in mortem duci consiliatus fuerit et exinde probatus, aut vitam det aut se redemat, sicut dux aut principes populi iudicaverint",

wenn sie, was ich für richtig halte, zu übersetzen ist: „Er büsse mit dem Leben oder kaufe sich los mit einer vom dux oder den principes festgestellten Summe". Denn auch hier tritt dann an Stelle der Todesstrafe nicht die Strafe des Wergelds, sondern eine Strafe, die durch einen andern Factor bestimmt wird. — Ist dagegen, was ich als möglich zugebe, die Stelle zu interpretiren: „er soll entweder sein Leben verlieren oder sein Wergeld, je nachdem dux und principes das eine oder andre durch Urtheil aussprechen", so beweist sie doch immerhin, dass der Loskauf von der Todesstrafe mit dem Wergeld nicht stets möglich war. (Dasselbe Gesetz hat übrigens schon die l. Alam. Hloth. 24 (LL. IV. S. 53), wo der von Merkel in den MM. GG. zu Grunde gelegte Text statt des auch hier sich in mehreren Handschriften findenden „sicut": „si" liest.)

Dies Verhältniss der Todesstrafe zu der Strafe des Schadensersatzes ist völlig korrekt aufgefasst auch von den Verfassern der Texte 1m und 2 unsrer lex Salica. Die Ersetzung des „aut" durch „ut" in diesen Handschriften: „de vita conponat, ut quantum valet se redemat" und „de vita culpabilis esse debet, ut si quantum valuerit redemat" lässt unsre Stelle sagen: „Mit seinem Leben haftet der Graf dafür, dass er den durch seine Pflichtversäumniss entstandenen Schaden ersetzt". Dabei zeigt die Form „valuerit" besonders deutlich, dass es sich um den Ersatz einer sich erst aus den Umständen ergebenden Summe, also nicht um das Wergeld handelt.

Ist aber die Todesstrafe hier nur subsidiär für den Fall angedroht, dass der Graf sich weigert, von ihm begangenes Unrecht zu sühnen, so kann es nichts Auffallendes mehr haben, dass uns hier diese in der l. Sal. sonst so seltene Strafe entgegentritt. Sie ist der l. Sal. für Freie eine ausserordentliche Strafe, aber es ist auch eine ausserordentliche Stellung, die der Graf einnimmt: er ist (vielleicht mit Ausnahme der ihm untergeordneten sacebarones)[13]) der einzige mit dem Recht Zwangsmassregeln zu verfügen ausgerüstete Beamte, schlechthin „der Staatsbeamte." Seine dauernde Pflichtverletzung macht die Durchführung des Rechts einfach unmöglich, hebt den ganzen Rechtsschutz auf: dafür kann der Tod als Strafe nicht unangemessen erscheinen.

Es ergiebt sich: nach dem alten Recht der l. Salica

---

[13]) Darüber s. oben Abschnitt I. a. E.

ist der Graf verpflichtet, Schaden, der durch Pflichtwidrigkeiten in seinen Amtshandlungen entstanden ist, zu ersetzen; weigert er sich dessen, so trifft ihn die Todesstrafe.

Es ist jetzt zu untersuchen, von welchem Gericht diese verhängt werden konnte, wo also für seine Amtshandlungen der Graf zu Recht stand. Vielfach wird angenommen, dass gegen Beamte wegen Amtsvergehen überhaupt nur vor dem König geklagt werden konnte [14]; auch wird wohl aus der Todesstrafe an sich schon gefolgert, dass das Urtheil nur im Königsgericht gesprochen werden konnte [15]. Indess konnten die ordentlichen Gerichte zur Zeit der lex Salica auch über Leben und Tod der Freien richten; denn handeln auch die wenigen Stellen, in denen sich in der lex Salica die Todesstrafe angedroht findet, nahezu sämmtlich von Nicht-Voll-Freien, z. B. Sal. 40, 4, welche sie ganz allgemein für den Sklaven androht, der sich ein schweres Delict zu schulden kommen lässt, und Sal. 13, 4: „Si vero puer regis vel letus ingenuam feminam traxerit, de vita conponat," so droht doch eine Satzung auch dem Freien den Tod: Sal. 58 i. f., wo es betreffs desjenigen, der die Strafe für Tödtung eines Menschen nicht zu zahlen vermag,

---

[14] So v. Bethmann Hollweg 4, S. 436.

[15] So Waitz, V.-G. II, 2, S. 185: „Ebenso ward ihm [dem König] die Entscheidung über das Leben des freigebornen Franken vorbehalten, und alle öffentlichen Verbrechen, welche früher in der Gaugemeinde ihr Urtheil fanden, kamen schon deshalb vor das Gericht des Königs, wenigstens wenn die Uebelthäter angesehenere dem berechtigten Volk angehörige Leute waren."

heisst, er solle, falls auch Niemand für ihn die Zahlung übernimmt, mit seinem Leben büssen.

„Et si eum in conpositione nullus ad fidem tullerunt hoc est ut redimant de quo domino non persolvit, tunc de sua vita conponat."

Hier bedarf es einer Entscheidung durch den König jedenfalls nicht. Allerdings kann man dabei zweifeln, ob ein besondrer Spruch des Gerichts noch nöthig ist, um die Todesstrafe zu verhängen, oder ob nicht die feierliche Constatirung in mallo, dass Zahlung für den Mörder nicht geleistet wurde, genügt: allein in dem letztern Fall wird schon durch das auf das Wergeld gehende Urtheil der Rachimburgen implicite die Todesstrafe für die Eventualität ausgesprochen, dass Zahlung des Geldes nicht erfolgen sollte: auch in diesem Fall also hat das Gericht — wenn auch nur bedingt — das Leben aberkannt.

Anders freilich heisst es in dem Edict Chilperichs, § 7 i. f. [16]) Hier wird bestimmt:

„Et si homo malus fuerat qui male fecit et si res non habet unde sua mala facta conponat" und auch seine Verwandten auf drei Gerichtsversammlungen Zahlung nicht für ihn übernommen haben, „in quarto mallo nobis praesentibus veniant: nos ordinamus, cui malum fecit tradatur in manu et faciant exinde quod voluerint. Nam agens et qui mallat ipsum ad nos adducant."

---

[16]) § 8 in LL. I. ed. nov. No. 4, S. 10.

Ein Widerspruch zwischen beiden Stellen scheint mir unverkennbar. In jener Stelle des alten Gesetzes hat das Hundertschaftsgericht beim Fall des Mords schliesslich das Recht, Todesstrafe zu verhängen, in dieser Stelle des Edicts sollen auch bei geringeren Vergehen unter sonst gleichen Voraussetzungen, Freiheit und Leben nur vor dem Königsgericht entzogen werden können: dort ist das gewöhnliche Gericht zuständig für ein schwereres Verbrechen, hier nur ein höheres [17]) Gericht bei geringeren Vergehen. Der Widerspruch löst sich dadurch, dass das Edict Chilperichs eine Rechtsfortbildung gegenüber dem alten Gesetze enthält. Konnte früher auch das Hundertschaftsgericht über das Leben aburtheilen, so soll nach Chilperich's Bestimmung Urtheil über Leben und Freiheit in dem beregten Fall dem Königsgericht vorbehalten bleiben.

Ganz denselben Fortschritt der Rechtsentwicklung finden wir in dem Edict Chilperich's bezüglich der Verurtheilung der Grafen. Ist in den citirten Stellen des alten Rechts nicht die Rede von einer Mitwirkung des Königs bei dem Gericht über den Grafen — und wo der König mitzuwirken hat, sagt das auch der alte Text ausdrücklich (s. l. Sal. 56) — so bestimmt Chilperich in dem Edict § 7 dagegen, dass in den beregten Fällen, und zwar genau in denselben Fällen, welche l. Sal. 50, 3 und 51, 2 regeln, entschieden werden solle „nobis praesentibus."

---

[17]) Das soll natürlich nicht heissen: ein dem Instanzenzuge nach höheres, sondern ein hervorragenderes.

Wir haben also hier ebenso wie in dem oben besprochenen Fall eine Einschränkung der vollen Gerichtsbarkeit des Volksgerichts. Nach der lex Salica aber ist der mallus legitimus auch über den Grafen zuständig, kann auch über ihn die Todesstrafe aussprechen.

IV.

Das forum des Grafen seit dem edictum Chilperici.

Haben wir in der letztgenannten Anordnung des edictum Chilperici eine singuläre Bestimmung, oder nicht vielleicht nur den Ausfluss eines allgemeinen Rechtssatzes zu sehen, kraft dessen der Graf der Gerichtsbarkeit des mallus legitimus überhaupt entzogen wurde? Es könnte dies letztre an sich um so wahrscheinlicher [1]) erscheinen, als der grafio sehr bald nach der Aufzeichnung der lex Salica den thunginus aus dem Vorsitz des Gerichts verdrängte, und bereits zur Zeit des Edicts Chilperich's sich diese Wandlung vollzogen hatte [2]). Trotzdem ist auch später noch der Graf dem mallus legitimus unterworfen: aber nicht stets dem mallus seines Amtssprengels. Den Beweis dafür liefert eine in diesem Zusammenhang bisher kaum

---

[1]) Angenommen wird es von Bethmann-Hollweg 4, S. 436.

[2]) Edict Chilp. § 7 (Behrend S. 107, § 8 in LL. I ed. nov. S. 9): Et si grafio ante rachymburgiis sedentes non fuerit invitatus.

beachtete Gesetzesstelle, die zugleich für die Lehre vom forum im fränkischen Reich überhaupt von einschneidender Bedeutung ist.

Es ist c. 12 des Edicts Chlotars von 614:[3])

„Et nullus iudex de aliis provinciis aut regionibus in alia loca ordinetur, ut, si aliquid mali de quibuslibet conditionibus perpetraverit, de suis propriis rebus exinde quod male abstolerit iuxta legis ordine debeat restaurare."

Der mit „ut" beginnende Satz ist hier nicht, wie Pertz und Boretius[4]) nach dem vor dies „ut" von ihnen gesetzten Semikolon zu schliessen, angenommen haben, dem ersten Satz coordinirt, sondern subordinirt. „Ut" heisst „damit". Es soll der Graf ein Grundbesitzer seines Gaus sein, **damit er vor seinem Gericht zur Rechenschaft gezogen werden kann**[4]).

Daraus ergiebt sich, dass der Graf dem Gericht seines Amtssprengels nur dann unterworfen ist, wenn er innerhalb desselben Grundbesitz hat. Weder die (in Folge seines Amts nothwendige) dauernde Anwesenheit des Grafen in seinem Bezirk, noch das Begehen des Delicts innerhalb desselben vermag die Zuständigkeit des Gaugerichts zu begründen: **das altfränkische Recht kennt also weder ein forum domicilii noch ein forum delicti commissi; es hat nur ein forum: das des Grundbesitzes.**

---

[3]) LL. I ed. nov. No. 9, S. 22.
[4]) Auch von Childerich II wurde ausdrücklich verlangt, „ne de una provincia rectores in aliam provinciam introirent". Vita Leodegarii c. 4.

Zu demselben Resultat führt noch eine andre Quellenstelle, Karl II. edictum Pistense vom 25. Juni 864 Cap. 6: „sicut ad nos perventum est, quod quidam leves homines de istis comitatibus qui devastati sunt a Nortmannis, in quibus res et mancipia et domos habuerunt, quia nunc ibi mancipia et domos non habent quasi licenter malum faciunt; quia, sicut dicunt, non habent unde ad iustitiam faciendam adducantur et quia non habent domos ad quas secundum legem manniri et banniri possint, dicunt quod de mannitione vel bannitione legibus comprobari et legaliter iudicari non possunt."
Einwohner der von den Normannen verwüsteten Gaue, behaupten keinen Gerichtsstand mehr zu haben. Als Grund führen sie an, dass sie keine Häuser, dann auch, dass sie keine Sklaven mehr haben. Gerade dies letztre zeigt, dass sie alle Möglichkeiten, wie vielleicht doch ein Gerichtsstand für sie noch bestehen könnte, erwogen haben. Die Sklaven sind nach karolingischem Prozessrecht verliegenschaftete Sachen. Besässen die Leute also noch Sklaven, so könnte man sagen, sie hätten noch Immobilien, unterständen desnalb auch noch einem forum. Dieser Gedankengang zeigt, dass sie überhaupt nur ein forum kennen: das des Grundbesitzes. An ein forum domicilii zu denken, kommt den Leuten gar nicht in den Sinn. Der König selbst muss ihre Auffassung als richtig anerkennen: er giebt zu, dass es eines neuen Gesetzes bedarf, um die Missethäter vor Gericht zu zwingen; und der Ausweg, den er findet, ist characteristisch: die verwüsteten und verlassenen Liegenschaften

sollen als noch ihren früheren Eigenthümern gehörig betrachtet werden. Die Dereliction des Eigenthums um sich dem Gerichtsstand zu entziehen, wird für ungültig erklärt: Beweis genug, dass nur das Grundeigenthum den Gerichtsstand begründet. Andrer Ansicht freilich ist die herrschende Meinung. Als solche kann wohl diejenige Sohm's betrachtet werden, denn Homeyer's Annahme eines Gerichtsstands des Geburtsgaus ist meines Erachtens von Sohm derart widerlegt worden [5]), dass eine nochmalige Erörterung dieser Hypothese unnöthig erscheint: insbesondre hat Sohm überzeugend dargethan, dass „patria" in den Quellen nicht Geburtsland, sondern schlechthin „Gau" bedeutet. Dagegen gelangt Sohm selbst hier zu einem von dem meinen völlig abweichenden Resultat. Er nimmt — ausser dem forum reconventionis, von dem hier füglich abgesehen werden kann — drei Gerichtsstände für das fränkische Reich an, zwei allgemeine: forum domicilii und forum des Grundbesitzes, und einen speziellen: forum delicti commissi.

Die Beweise aber, auf welche sich Sohm für seine Ansicht beruft, kann ich gegenüber den beiden eben erörterten Stellen für durchschlagend nicht erachten. Was zunächst die von Sohm für das Bestehen eines forum domicilii angeführten Stellen betrifft, so werden in ihnen als dem Gericht unterworfen bezeichnet:

in lex Rip. 31, 3—5 der „infra pagum — — de quacumque natione commoratus".

in dem Cap. Hlud. P. a. 814 c. 2 derjenige „qui

---

[5]) Sohm, R.- u. G.-V. § 12, S. 297 ff.

in aliena patria hubi vel propter beneficium vel propter aliam quamlibet occasionem assidue conversari solet",

in der lex Romana Curiensis, diejenigen welche in einem Gau „conversant aut inhabitant", wofür als gleichbedeutend „commanent" gebraucht wird.

Lassen wir die spätre und in ihrer Echtheit bestrittene Capitularien-Stelle vor der Hand unberücksichtigt, so sprechen diese Stellen allerdings von Angehörigen eines fremden Volksstammes, die in einem Gau „wohnen": aber es ist nirgends gesagt, dass darunter solche zu verstehen sind, die noch in einem andern Gau Liegenschaften besitzen: im Gegentheil sind wir gewiss berechtigt zu der Annahme, dass die Gesetzgeber hier an solche Angehörige fremder Stämme gedacht haben, die aus ihrem Geburtslande ausgewandert sind, und sich in der Fremde angesiedelt und Grundbesitz erworben haben. Zu diesem Resultat muss m. E. eine unbefangene Betrachtung der damaligen wirthschaftlichen Verhältnisse führen: der Freie war Grundbesitzer, und wer in einem Gau „inhabitat", ist als ein dort begüterter aufzufassen [6]).

Es bliebe als Beweismittel für Sohm's Behauptung noch das obengenannte Capitular Ludwig's:

„Si quis in aliena patria hubi vel propter beneficium vel propter aliam quamlibet occasionem assidue conversari solet, de qualibet causa fuerit interpellatus, berbi gratia de conquisito suo vel

---

[6]) Vgl. Sal. 1, 3: „Et ille qui alium mannit, cum testibus ad domum illius ambulare debet".

de mancipiis, hibi secundum suam legem iustitiam faciat."

Unter „patria" ist hier nach Sohm's Ausführungen ein „Gau", unter „aliena patria" nach Obigem ein solcher Gau zu verstehen, in welchem der zu Belangende nicht Grundbesitzer ist. Das Capitular bestimmt also, dass jemand auch in einem Gau, in dem er keine Liegenschaften zu Eigenthum hat, vor Gericht sich zu stellen hat, wenn er wegen eines Lehns, oder aus sonstigem Grunde, sich dort dauernd aufhält. Die Heraushebung des „propter beneficium" zeigt, worauf es dem Gesetzgeber ankommt: **das Capitular stellt für den Gerichtsstand den mit dauerndem Domizil verbundenen Lehnsbesitz dem wahren Eigenthum an Immobilien gleich.** Dadurch documentirt sich diese Satzung Ludwig's als eine Neuerung, als eine Aenderung des früheren Rechtes. Wenn nun ferner dem „propter beneficium" das unbestimmte „vel propter aliam quamlibet occasionem" beigefügt ist, so haben wir darin nicht minder neues Recht zu sehen: zugleich zeigt die Unbestimmtheit des Ausdruckes, dass anderweitige Fälle, in denen Jemand dauernd sein Domizil an einem Orte habe, ohne dort Liegenschaften zu besitzen, zum Mindesten als Seltenheit erschienen. Hat somit Ludwig hier allerdings — die Echtheit der Urkunde vorausgesetzt — ein vom Grundbesitz unabhängiges forum domicilii geschaffen: so beweist doch dies Gesetz andererseits, dass bis in's 9. Jahrhundert hinein den Franken dies forum unbekannt war [7]). Demnach ist für den Freien das forum domicilii nicht neben dem forum des Grundbesitzes als ein zweiter allgemeiner Gerichtsstand zu betrachten, sondern das forum domicilii ist nur ein forum des Grundbesitzes: es giebt nur ein allgemeines forum, das des Grundbesitzes.

Nicht besser begründet ist Sohm's Annahme eines forum delicti commissi. Gegen dessen Existenz sprechen das edictum Chlotarii und das Cap. Pistense nicht minder, wie gegen die des forum domicilii, und das einzige, von Sohm für seine Existenz angeführte Zeugniss, Cap. Karlmann's von 884, c. 11 [8]), entkräftet diesen Beweis nicht im mindesten [9]).

Die Stelle lautet:

„De nostris quoque dominicis vasallis jubemus, ut si aliquis praedas egerit, comes in cuius potestate fuerit („der Graf, in dessen Amtsgebiet es geschehen ist", wie Sohm zweifellos richtig übersetzt) ad emendationem eum venire vocet. Qui si comitem — — audire noluerit, per forciam illud emendare cogatur, prout lex docet et quemadmodum in capitularibus regum tenetur insertum, in eodem loco ubi praeda commissa fuerit."

---

[7]) Mit dem Beweis der Nichtexistenz eines forum domicilii ist zugleich der der Nichtexistenz eines forum necessarium des Beamten an seinem Amtssitze erbracht, da dies forum nur auf der Fiction des Domizils beruht.

[8]) LL. I. S. 553.

[9]) Dass durch das von Sohm zur Vergleichung herangezogene edict. Pistens. a. 864 c. 7 ein forum delicti commissi nicht bewiesen wird, bedarf wohl der Ausführung nicht.

Bei der Erklärung des letzten Satzes ist zu berücksichtigen, erstens, dass nirgends im Volksrechte (lex) und ebensowenig in den uns erhaltenen Capitularien gesagt wird, es solle Jemand durch obrigkeitlichen Zwang (per forciam) zum Ersatz eines Schadens angehalten werden, dass der Weg zum Schadensersatz zu gelangen vielmehr auch Beamten gegenüber der des ordentlichen Processes ist; und zweitens, dass in der lex und den Capitularien auch nirgends festgesetzt ist, dass der Zwang zum Schadensersatz oder der Schadensersatz selbst an dem Orte der Schadenszufügung stattzufinden habe. Deshalb kann der Zwischensatz „prout lex docet" etc. sich nicht beziehen auf „cogatur", und nicht auf „in eodem loco": er bezieht sich also ausschliesslich auf „emendare". Bezieht sich aber das „prout lex docet" auf das vor „cogatur" stehende „emendare", so ist es grammatisch unzulässig, das nun folgende „in eodem loco" zu „per forciam cogatur" zu ziehen: es muss ebenfalls mit „emendare" verbunden werden. Dafür spricht auch die Erwägung, dass die Ausübung des Zwanges am Orte der Schadenszufügung nur thunlich ist, so lange der Delinquent sich an diesem selbigen Orte befindet: d. h. in der Regel nur, wenn er in flagranti ertappt wird; dass er dagegen auch später noch sehr wohl anderwo gezwungen werden kann, den Schaden da zu ersetzen, wo er ihn angestiftet. Es ist somit „in eodem loco" die Ortsbestimmung zu dem durch den Zwischensatz „prout lex docet" näher bestimmten „emendare", und der Satz zu interpretiren: „Will jener dem Befehle des Grafen nicht nachkommen, so soll er durch Gewalt gezwungen werden, die gesetzliche Entschädigung am Orte der Brandschatzung zu leisten."

In der ganzen Satzung ist weder von einem Process, noch von einem forum delicti commissi die Rede; sie bezieht sich auch gar nicht auf alle Personen, die „praedas agunt", sondern ausschliesslich auf die königlichen Vasallen: sie berührt sonach die ordentliche Gerichtsgewalt der Grafen überall nicht, sondern überträgt denselben für bestimmte Fälle die Ausübung der dem Könige zustehenden Disciplinargewalt: vermag also sicher nicht den durch das Edict Chlotar's und das edictum Pistense geführten Beweis der Nichtexistenz des forum delicti commissi zu entkräften.

So führt auch die Untersuchung über das forum im fränkischen Reiche überhaupt zu dem Ergebniss, dass der Graf dem Gerichte seines Amtssprengels nur dann unterworfen ist, wenn er innerhalb desselben Grundbesitz hat. War nun aber das eigene Gericht des Grafen über diesen zuständig, so fragt sich, ob bei Klagen gegen den Grafen er selbst dem Gerichte präsidirte, oder ob hier nicht eine andere Person seine Stelle vertrat.

Zunächst ist sicher, dass bei privaten Ansprüchen gegen ihn der Graf nicht den Vorsitz an den Schultheiss abzutreten brauchte [10]). Am schlagendsten zeigt sich das in den Beispielen, wo der Graf den Vorsitz

---

[10]) Beispiele bei Sohm, G.-V. S. 495, Anm. 55. Die Beispiele zeigen, dass wir es hier nicht mit einem Missbrauch der gräflichen Gewalt zu thun haben, denn das Urtheil fällt verschiedentlich gegen den Grafen aus.

an den Schultheiss gerade in solchen Processen überträgt, wo der Schultheiss selbst Partei ist[11]).

Auch Karlmann sass als maiordomus selbst zu Gericht, als der Abt von Stablau ein Grundstück von ihm zurückverlangte, und das Urtheil entschied gegen ihn[12]).

Aber auch bei peinlichen Klagen gegen den Grafen wurde dieser nicht im Vorsitz durch einen andern Beamten vertreten. Wenn das in den Quellen nicht ausdrücklich ausgesprochen wird, so ist es darum nicht minder gewiss: denn es fehlt thatsächlich an einem Beamten, der diese Vertretungsbefugniss gehabt hätte.

Man könnte zunächst an den Schultheiss (vicarius, centenarius) denken. Allein, wenn auch die Capitularienbestimmungen, welche ihn anscheinend von dem Gerichtsvorsitze bei peinlichen Klagen ganz ausschliessen,

Pippini Capitulare italicum a. 801—810 [13]):

14. „Ut ante vicarios nulla criminalis actio diffiniatur, nisi tantum leviores causas quae facile possunt dijudicari; et nullus in eorum iudicio aliquis in servitio hominem conquirat, sed per fidem remittatur usque in praesentiam comitis,"

Cap. miss. Aquisgran. a. 810, § 3 [14]):

„Ut ante vicarium et centenarium de proprietate aut libertate iudicium non terminetur aut ad-

---

[11]) Beispiele bei Sohm, G.-V. S. 512, Anm. 13.
[12]) DD. I. S. 103.
[13]) LL. I, ed. nov. No. 102, S. 210.
[14]) ibi No. 64, S. 153.

quiratur, nisi semper in praesentia missorum imperialium aut in praesentia comitum",
s. auch Cap. de iustitiis faciendis 811—813, c. 4 [15]), mit Sohm dahin zu interpretiren wären [16]), dass „ante vicarios" „im ungebotenen Ding" bedeutet, diese Stellen also demnach nur besagten, dass Criminal-Klagen nur im echten Ding abgeurtheilt werden dürfen, so beruht doch jedenfalls das Recht des vicarius, gelegentlich auch bei Criminalfällen Gericht zu halten, nicht auf seiner Stellung als vicarius (centenarius), sondern lediglich auf einer ad hoc ertheilten Specialvollmacht des Grafen, und dass dieser ihm eine solche da ertheilt, wo er, der Graf, selbst als Angeklagter auftreten muss, dürfen wir nach dem vorhin über den Vorsitz bei Privatklagen gegen den Grafen Gesagten gewiss nicht annehmen.

Aber so wenig wie der Schultheiss präsidirt auch der

---

[15]) ibi No. 80, S. 176.
[16]) Der Streit dreht sich bekanntlich darum, ob „in vicariorum judicio" und das gleichbedeutende „ante vicarios" heisst: „in einem von dem Schultheiss geleiteten Gericht" oder: „in dem Gericht, das der Schultheiss zu leiten hat" (dem gebotenen Ding), ob es sich also auf die Gerichtsorganisation (so Sohm, R.- u. G.-V. S. 419 ff.) oder eine vorübergehende Stellvertretung des Gerichtshalters bezieht (Waitz, V.-G. IV, S. 316). — Uebrigens wird die Richtigkeit der Sohm'schen Ansicht dadurch nicht bewiesen, dass thatsächlich Criminalsachen unter dem Vorsitz des Schultheissen entschieden wurden: denn die stete Wiederholung des Verbots bezeugt an sich schon die Häufigkeit seiner Uebertretung. — Meines Erachtens entscheidet gegen Sohm das oben citirte Cap. Aquisgr.; denn die Worte „in praesentia missorum imperialium aut in praesentia comitum" verlangen doch persönliche Anwesenheit des missus oder Grafen, und lassen sich nicht interpretiren „im Grafengericht, wenn auch der Graf selbst abwesend ist".

vicecomes an des Grafen Stelle dem echten Ding, wo der letztere Angeklagter ist. Denn dieser vicecomes, der ständige missus des Grafen, kommt einmal überhaupt erst zur Karolingerzeit und zweitens auch dann durchaus nicht in jeder Grafschaft[17] vor. Es bliebe schliesslich noch die Möglichkeit, dass der Graf vor dem Patricius Recht zu nehmen hätte: sie erscheint unwahrscheinlich, nicht nur weil die Quellen kein Beispiel, das sie erweisen würde, erwähnen, sondern besonders auch deshalb, weil es viele Grafschaften gab, in denen ein über, oder richtiger, neben dem Grafen stehender Patricius[18]) überhaupt nicht vorhanden war. Waren sonach die Grafen selbst Vorsitzende der über sie zuständigen Gerichte, so war, wenn einmal der Wille, die Unterthanen zu drücken, bei diesen mächtigen Beamten die Oberhand über das Pflichtgefühl gewonnen, der Rechtsschutz des ordentlichen Gerichts ihnen gegenüber bald genug illusorisch. Allerdings gab es noch ein anderes Schutzmittel: das Anrufen des Königs. Nicht nur war das Königsgericht neben jedem anderen Gericht und allen Unterthanen gegenüber competent: es stand daneben auch dem Könige ein weitgehendes Disciplinarstrafrecht über seine Beamten zu.

Ehe ich aber zu seiner Besprechung übergehe, sollen noch die Bestimmungen der ausser der lex Salica im Frankenreiche geltenden Volksrechte in Kürze angeführt werden.

---

[17]) Belege bei Waitz, V.-G. III (S. 336), Sohm, pg. 520.
[18]) Bez. des Patricius s. Sohm § 18.

V.
Der Rechtsschutz nach ripuarischem Recht.

In der lex Ripuaria ist aus den Bestimmungen der lex Salica über die Rachimburgen Folgendes geworden: tit. 55: „Si quis causam suam prosequitur, et Rachinburgii inter eos secundum legem Ripuariam dicere noluerint, tunc ille, in quem sententiam contrariam dixerint, dicat: Ego vos tangano, ut mihi legem dicatis. Quod si dicere noluerint, et postea convicti fuerint, unusquisque eorum quindecim solidis multetur."

Diese Stelle ergiebt eine bemerkenswerthe Abweichung von der lex Salica. Die Bedeutung des tangano ist zwar wesentlich dieselbe geblieben, wie dort: es ist die Aufforderung zum Fällen eines gerechten Urtheils; aber seine Function ist eine andere: **es geht nicht dem Urtheil vorher, sondern es folgt ihm** (sententiam dixerint): es ergeht nicht im Falle der Urtheilsverweigerung, sondern in dem des ungerechten Urtheils: der Nachdruck liegt nicht auf dem Verlangen der **Urtheilsfällung**, sondern auf dem Verlangen nach einem **gerechten** Urtheile, nicht auf dem „dicatis", sondern auf dem „secundum legem".

Sohm[1]) leugnet allerdings, dass die „sententia" überhaupt ein Urtheil ist. Er erklärt sie für die auf Frage des Richters abgegebene Erklärung der Rachimburgen, wie ihrer Ansicht nach der Rechtsstreit zu entscheiden sei. „Nach ius civile" aber sei zur damaligen Zeit „die richterliche Urtheilsfrage **keine** Urtheilsfrage, und das auf richterlichen Befehl gesprochene Urtheil **kein** Urtheil." Dem entsprechend nimmt Sohm denn auch keinen Anstand, auszusprechen, dass in dem Fortgange der oben citirten Rip. 55:

„Similiter et ille, qui rachimburgiis recte dicentibus non adquieverit",

die Strafe die Partei „wegen Missbrauch des Formalactes" (des tangano) trifft, „wenn das dem Richter gefundene Urtheil" — das nach Sohm kein Urtheil ist — „schlechtweg als kein Urtheil behandelt wird".

Das einzige Argument, auf das Sohm diese Deduction stützt, ist die Bestimmung der lex Ripuaria, wonach das tangano der sententia nicht vorhergeht — und dies Argument ist in keiner Weise stichhaltig, da, wie oben nachgewiesen[2]), schon nach der lex Salica das Urtheil in der Regel ohne die feierliche Aufforderung des tangano gefällt wurde. Auch steht davon, dass das Urtheil zunächst dem Richter, nicht der Partei, ge-

---

[1]) Sohm, G.-V. I, S. 125; vgl. denselben in der Zeitschrift für Rechtsgeschichte 5, S. 418.
[2]) Oben Abschnitt II im Text nach Anm. 10.

funden wurde, in der lex Ripuaria keine Andeutung, und endlich führt die Annahme Sohm's zu dem Ergebniss, dass nach der lex Ripuaria ein ordentliches Urtheil in der Regel überhaupt nicht gefällt wird — und darin stände dann dies Volksrecht völlig isolirt — und dass eine Partei straffällig wird, weil sie etwas, das kein Urtheil ist, nicht „als Urtheil behandelt"! Sohm kommt denn auch zu dieser Annahme nur, weil er daran festhalten will, dass der Urtheilsfällung ein „Formalact" (und zwar das tangano) vorausgehen muss [3]): was für die lex Ripuaria ebensowenig richtig ist, wie für die lex Salica [4]).

Die lex Ripuaria kennt also in unserem Tit. 55 eine Strafe für die Rachimburgen nur dann, wenn sie trotz des nach Fällung des Urtheils geschehenden tangano ihr ungerechtes Urtheil nicht ändern. Sie können also nicht, wie nach der lex Salica, wegen eines ungerechten Urtheils ohne Weiteres belangt werden, sondern es muss der Geschädigte zunächst ihnen selbst durch das tangano die Möglichkeit geben, ihr Urtheil zu reformiren. Erst wenn sie diese Aenderung verweigern, kann Klage gegen sie erhoben werden. Darin liegt eine Begünstigung der Rachimburgen gegenüber der lex Salica. Es fragt sich, ob wir in unserem Tit. 55 noch eine weitere Aenderung zu ihren Gunsten zu erblicken haben: ob nämlich die Urtheilsverweigerung durch die Rachimburgen nach der lex Ripuaria straflos ist, oder ob sie mit unter die Bestimmung unseres

---

[3]) Vgl. dazu Sohm, Proc. § 21.
[4]) S. oben Abschnitt II im Text zu Anm. 10.

Titels fällt. Man wird sich für das Eine oder das Andere zu entscheiden haben, je nachdem man den Nachdruck auf die Worte „si Rachimburgii — — dicere noluerint", oder auf „in quem sententiam contrariam dixerint" legt. Meines Erachtens kann man auf Grund des vorliegenden Textes zu einer Gewissheit darüber nicht gelangen. Cohn, dessen Ansicht über die „sententia" unserer Stelle mit meiner übereinstimmt, hält es für zweifellos, dass in der lex Ripuaria „keine Bussandrohung gegen säumige Urtheiler enthalten" ist [5]). Aber bedenklich muss die Annahme jedenfalls erscheinen, dass das „tangano" bei Verweigerung des Urtheilsspruches nach ripuarischem Recht nicht möglich gewesen sei; und nicht minder bedenklich diejenige, dass, wenn das Tanganiren stattfand, ohne dass eine Urtheilsfällung vorangegangen, es vollständig wirkungslos hätte sein sollen. Auch ist schwer glaublich, dass — ausser dem Anrufen des Königs — gar kein Rechtsbehelf gegen Justizverweigerung bestanden haben sollte.

Wie die Bestimmungen über die Rachimburgen, so sind auch die gegen den pflichtverletzenden grafio in der lex Ripuaria dürftiger als in dem Schwesterrecht. Auch hier finden wir, wie bei dem Rachimburgen, keine Strafsatzung gegen den seine Pflicht nicht erfüllenden, sondern nur eine solche gegen den seine Befugniss überschreitenden Beamten. Sie lautet [6]):

---

[5]) Cohn, J. V. S. 46.
[6]) L. Rip. 51, 2.
[7]) Dass der iudex fiscalis und der gratio identisch sind, giebt sogar Gfrörer, Geschichte deutscher Volksrechte I. S. 20, zu. Der

„Quod si quis iudex fiscalis[7]) amplius, quam lex Ripuaria continet, tulerit, quinquaginta solidis multetur",

unterscheidet sich also von der entsprechenden Bestimmung der lex Salica sowohl dadurch, dass an Stelle des je nach Umständen verschieden hohen Schadensersatzes das Fixum von 50 solidi getreten, als durch den Fortfall der in der lex Salica eventuell angedrohten Todesstrafe. So finden wir auch hier eine Milderung der fränkischen Satzungen. Ob wir aus dem Schweigen der lex Ripuaria über den Fall einer Säumniss des Grafen eine Straflosigkeit derselben folgern dürfen, oder ob wir nicht eher ein Redactionsversehen anzunehmen haben, indem mit dem ganzen Titel der Salica „de fides factas" (50) auch sein

---

von ihm behauptete Unterschied in dem Geschäftskreis des comes und des grafio wird durch die S. 14 f. angeführten Urkunden nicht bewiesen, durch die S. 20 f. dafür angeführten Stellen der lex Ripuaria geradezu widerlegt. Denn für Rip. 32, 3 beweist die Analogie von Sal. 50, 3 die Identität des Beamten, an den die formelle Aufforderung des Klägers geht (comes) und dessen, der auf diese Aufforderung hin in Thätigkeit tritt (iudex fiscalis); Rip. 89 aber handelt gar nicht von zwei verschiedenen iudices, sondern nur von einem. Es ist hier zu lesen:

„Fredum autem non ille [statt illi] iudici tribuat, qui [statt cui] culpam commisit, sed ille [statt illi] qui solutionem recipit, tertiam partem coram testibus fisco tribuat, ut pax perpetua stabilis permaneat",

und die Stelle besagt, dass nicht der Beklagte, sondern der Kläger, welcher die compositio empfangen, den fredus zahlen soll. Die Nothwendigkeit, statt des zweiten „illi": „ille" zu lesen, ergiebt sich einmal daraus, dass sonst der Satz „sed — — fisco tribuat" zwei coordinirte Dative (illi — fisco) aufwiese, zweitens daraus, dass die solutio, die Zahlung einer Schuld, nicht an einen Beamten, sondern an den Processgegner erfolgt. Die Aenderung des ersten „illi" und des „cui" gibt dann der Zusammenhang von selbst.

Schlusssatz fortblieb, ist ebenso misslich zu entscheiden, wie der analoge Zweifel bei dem Titel über die Rachimburgen. Die Behauptung Cohn's[8]: „das ripuarische Recht straft nur den Missbrauch des Amtes, nicht die Unterlassung dienstlicher Pflichten", scheint mir mindestens sehr gewagt. Ist er richtig, so schliesst er doch jedenfalls nicht aus, dass die Pflichtversäumniss der Beamten auch bei den ripuarischen Franken im Disciplinarwege geahndet werden konnte.

Einer späteren Zeit gehört der Titel 88 der lex Ripuaria an:

„Hoc autem — — — super omnia iubemus, ut nullus Optimatum, Maior domus, Domesticus, Comes, Grafio, Cancellarius vel quibuslibet gradibus sublimatus, in provincia Ripuaria in iudicio residens, munera ad iudicium pervertendum non recipiat. Quod si quis in hoc deprehensus fuerit, de vita componat."

Dieses Gesetz, das den bestochenen Richter mit dem Tode bedroht, entspricht nicht, wie Sohm annimmt[9]), dem früheren salischen, sondern dem burgundischen Recht[10]), und ist als Theil des ripuarischen Gesetzbuches allerdings auffallend. Denn während in Burgund die analoge Bestimmung gegen den selbst urtheilenden Einzelrichter ergangen ist, richtet sie sich hier gegen den königlichen Beamten, der dem Gericht präsidirt. Diesem schreibt das Gesetz die Möglichkeit, auf das

---

[8]) Cohn, Justizverweigerung, S. 47.
[9]) Zeitschrift für R.-G. V, S. 453, Anm. 2.
[10]) S. unten Abschnitt VI im Text nach Anm. 5.

iudicium Einfluss zu üben, zu, und es fragt sich, in welcher Art dieser Einfluss stattfinden konnte, insbesondere ob der Richter auch an der Findung des Urtheils selbst theilnahm. Diejenigen Schriftsteller, welche dies letztere behaupten, berufen sich dafür, wie z. B. Bethmann-Hollweg[11]) und Sohm[12]), ausser auf Ripuaria 88 noch auf einige andere Gesetze fränkischer Könige, welche an der Richtigkeit der Annahme, dass auch nach dem fränkischen Recht der spätern Merovingerzeit der Richter bei der Urtheilsfindung mitwirkte, auf den ersten Blick kaum einen Zweifel zu gestatten scheinen.

Das eine dieser Gesetze ist das Edict Guntchramn's von 585[13]), wo es heisst:

„Cuncti itaque iudices iusta, sicut Deo placet, studeant dare iudicia; nam non dubium est, quod acrius illos condemnabit sententia nostri iudicii, a quibus non tenetur aequitas iudicandi."

Diese Bestimmung ist aber für das fränkische Recht vollständig beweisunkräftig, da Guntchramn nur Herrscher von Burgund war, und dort mit der Unterwerfung des Landes unter die fränkische Herrschaft nicht zugleich die Einführung der fränkischen Gerichtsverfassung stattfand, vielmehr die iudices, wie früher, so auch nach der Eroberung durch die Franken Einzelrichter waren, also die Urtheilsfällung allein in Händen hatten. Dies

---

[11]) Civilprozess IV, S. 434.
[12]) R.- u. G.-V. I, S. 223—227. Sohm citirt übrigens die l. Rip. hier nicht.
[13]) LL. I ed. nov. No. 5, S. 12.

letztere ist zwar in den Quellen nirgends direct ausgesprochen, ergibt sich aber mit Sicherheit aus der Weitergeltung des burgundischen Privatrechts und Strafrechts, dessen Handhabung sich nicht ohne Weiteres auf Rachimburgen übertragen liess.

Nicht besser steht es mit dem Beweis, den die constitutio Chlotharii [14]) liefern soll. Sie besagt:

„Nulla sententia a quolebet iudicum vim firmitatis obteneat, quae modum leges adque aequitatis excedit. — — Si iudex alequem contra legem iniuste damnaverit in nostri absentia ab episcopis castigetur, ut quod perpere iudicavit, versatim melius discussione habeta emendare procuret."

Man streitet zwar darüber, wann und von wem — ob von Chlothar I. oder Chlothar II. [15]) — dies Gesetz erlassen ist: das aber ergibt sein sonstiger Inhalt zweifellos, dass es nur für einen (und zwar wahrscheinlich für einen neu eroberten) Landestheil erlassen wurde, in dem römisches Recht galt — also auch die fränkische Gerichtsverfassung nicht bestand [16]).

Dagegen kann es allerdings wohl keinem Zweifel unterliegen, dass das Edict Chlothar II. von 614 für das ganze

---

[14]) Chlotharii II praeceptio, in. u. c. 6. LL. I. ed. nov. No. 8, S. 18 u. 19.

[15]) Vgl. darüber Boretius in den LL. I. ed. nov. S. 18 und Loening, Kirchenrecht II, S. 269; Roth, Benefizialwesen, S. 224.

[16]) Den in dem Gesetz vorkommenden Ausdruck „antiquum ius" auf fränkisches Recht zu beziehen, was Sohm S. 224 Anm. thut, halte ich nicht für richtig. Meiner Meinung nach soll damit gerade das in dem neu erworbenen Landestheil seither geltende Recht im Gegensatz zum fränkischen bezeichnet werden.

Frankenreich erlassen ist, und dass somit auch die Worte in Cap. 4 desselben:

"Ut nullum [statt: nullus] iudicum de qualebit ordine clerecus [statt: clericos] de civilibus causis, praeter criminale negucia, per se distringere aut damnare praesumat, nisi convicitur manefestus, excepto presbytero aut diacono" [17]. für das ganze Frankenreich galten.

Trotzdem darf meines Erachtens nicht aus ihnen gefolgert werden, dass auch nach fränkischem Recht der Richter (d. h. der Graf) sich an der Urtheilsfindung betheiligte. Denn wenn auch das Wort "damnare" hier, was mir nicht zweifellos erscheint [18]), in seiner eigentlichen Bedeutung als "verurtheilen" verstanden werden muss [19]), so beweist doch diese Stelle nur, dass es im Frankenreich Richter gab, die das Recht, Urtheile zu sprechen, hatten — nicht, dass allen Richtern des Frankenreichs dieses Recht zustand. Man muss sich dabei nur erinnern, dass "fränkisches Recht" und "Recht des Frankenreichs" nicht identisch sind, dass es vielmehr in der fränkischen Monarchie grosse Provinzen (Burgund, Alamannien u. s. w.) gab, in denen weder fränkisches Recht galt, noch die fränkische Gerichtsverfassung bestand. In diesen Landen hatten königliche Beamte das

---

[17]) Chlotharii II edictum a. 614, c. 4. LL. I. ed. nov. No. 9, S. 21.

[18]) Denn in der weiter unten im Text besprochenen Stelle Gregor, De glor. mart. I, 73 heisst "condemnare" nur "die Vollstreckung des Urtheils befehlen."

[19]) So Waitz, V.-G. II, 2, S. 245; Hermann, S. 249; Loening, Kirchenrecht II, S. 512; anders Sohm S. 225.

Recht des „damnare" sowohl wie das des „distringere". — Wollte der Gesetzgeber die Geistlichen ihrer iurisdictio entziehen, so war es also völlig correct, wenn er das ausdrückte:

„Ut nullus iudicum — — distringere aut damnare praesumat."

Für diejenigen Beamten, die das Recht der Urtheilsfällung überhaupt nicht hatten — und zu diesen gehörten die Grafen in den Landen fränkischen Rechts — kam selbstverständlich nur das Verbot des „distringere" in Betracht. So beweist also auch dies Gesetz nichts für das fränkische Recht. Andere merovingische Gesetze aber, in denen einer Einwirkung des Grafen auf die Urtheilsfindung Erwähnung geschehe, sind — ausser dem tit. 88 der lex Ripuaria — nicht bekannt.

Dieser tit. 88 allein nun berechtigt uns sicher nicht, dem Grafen eine Mitwirkung bei der Urtheilsfindung beizulegen. Er bedroht mit Todesstrafe den Richter, der Geschenke annimmt „ad iudicium pervertendum." Die Worte lassen sich ungezwungen interpretiren: „es soll der Graf nicht die Rachimburgen dahin beeinflussen, dass sie ein ungerechtes Urtheil fällen." Die Ausübung dieses Einflusses setzt aber nicht Theilnahme an der Urtheilsfindung voraus: sie kann zwar während der letztern geschehen, ebensowohl aber schon vor der Gerichtsverhandlung selbst.

So verstanden steht die Ripuaria 88 mit den Bestimmungen, welche die beiden fränkischen Volksrechte über die Urtheilsfindung durch die Rachimburgen allein enthalten, vollkommen in Einklang.

Eine Theilnahme des Grafen an derselben ist auch in den Zeugnissen aus Schriftstellern, die dafür (insbesondere von Waitz, V.-G. II, 2, S. 161, Anm. 3) angeführt werden, nicht ausgesprochen. Zum Theil beziehen sich diese Stellen auf Urtheile in nichtfränkischen Gebieten des Reichs, so Gregor, De gloria confessorum c. 101:

„Comes autem antedictae urbis Equolensis, fure invento ac suppliciis dedito, patibulo condemnari praecepit",

auf Aquitanien [20]), und der von Sohm [21]) aus Gregor hist. IV, 44 citirte Fall auf die Provence, zum Theil handeln sie nur von einem Vollstreckungsbefehl des Grafen [22]).

Eine einzige Stelle allerdings scheint zunächst nach dem von Waitz aus ihr angeführten Citat eine Ausnahme

---

[20]) Vgl. damit auch Gregor, Hist. Franc. 6, c. 8. — Uebrigens kann auch in der obigen Stelle „condemnari praecepit" eben so gut nur vom Vollstreckungsbefehl zu verstehen sein, wie in der im Text besprochenen De glor. mart. I, 73.

[21]) Sohm, R. u. G.-V. I, S. 226.

[22]) So auch vita Amandi c. 12. Uebrigens mochte laxe Ausdrucksweise nicht selten dem Grafen das Urtheil zuschreiben, das unter seinem Vorsitz gefällt war. (So auch Siegel I, S. 105 f.) Das gilt meines Erachtens besonders auch von den Urkunden aus karolingischer Zeit, auf die einzugehen ausserhalb meines Zweckes liegt. Vgl. Waitz, V.-G. IV, S. 335. — Herrmann's Behauptung (S. 245 ff.) von der Urtheilsfindung auch durch die Grafen in karolingischer Zeit wird durch die von ihm dafür angeführten Capitularien und sonstigen Citate nicht bewiesen. Sein Hauptargument ist die Behauptung, dass „damnare" und „iudicare" nothwendig die Urtheilsfindung mitumfasse; die im Texte besprochene De gl. mart. I, 73 beweist das Gegentheil.

zu machen: Gregor, De gloria martyrum I, 73, aus der Waitz anführt:

„ein Dieb iudici manifestatur, nec mora adprehensus et in vincula compactus, supplicio subditur; opus suum proprio ore iudicans, patibulo diiudicatur . . . severitas iudicis . . . reum patibulo iudicavit."

Der hier besprochene Vorfall ereignete sich im „oppidum Viromandense", dem heutigen Vermand im Aisne-Departement, also auf salischem Boden: sonach könnte man aus ihm folgern, dass bei dieser Gelegenheit der Graf eines Frankengaus selbst das Urtheil gesprochen. Allein bei Ausfüllung der Lücken in dem Waitz'schen Citate ergibt sich, dass die ganze Darstellung überhaupt nicht von Urtheilsfindung durch den Grafen handelt, um so weniger, da das „proprio ore iudicans" selbst bei Gregor's Stil nur auf den Verbrecher bezogen werden kann. Uebrigens scheint dies „iudicans" nur auf einem Versehen Waitz' zu beruhen; wenigstens haben alle mir vorliegenden Ausgaben [23]) statt dessen „indicans". Die Stelle lautet vollständiger:

„— — unus ex latronibus equum presbyteri furtim abstulit: inventus a presbytero, iudici manifestatur: nec mora, adprehensus et in vincula compactus, supplicio subditur; opus suum ore proprio indicans, patibulo diiudicatur. Sed presbyter metuens, ne ob sui damni causam anima

---

[23]) Darunter die von Bordier (Paris 1857). Bei Waitz findet sich „judicans" in der 2. u. 3. Aufl.; ob auch in der ersten, ist mir unbekannt.

hominis auferretur, iudicem deprecatur, ut concessa illi vita, hic culpa reus absolveretur a poena — —: sed severitas iudicis, cum nullis precibus potuisset inflecti, reum patibulo condemnavit."

Die Reihenfolge der hier erzählten Thatsachen ist danach: Diebstahl — Entdeckung — Ueberlieferung an den Richter — Einkerkerung — Anwendung von Zwangsmassregeln zur Erpressung eines Geständnisses [24] — Geständniss — Verurtheilung zum Galgen — Gewissensbedenken des Presbyters — Bitte desselben an den iudex, die erkannte Strafe nicht vollstrecken zu lassen — Ertheilung des Vollstreckungsbefehls seitens des iudex. Dies letztere wird mit „condemnare" ausgedrückt. Die Erzählung der Urtheilsfällung aber wird mit den zwei Worten abgemacht: „patibulo diiudicatur": — von wem das Urtheil gefällt, wird nicht berichtet.

So findet sich hier so wenig wie anderswo eine Andeutung, dass zur Merovingerzeit der Graf in fränkischen Landen sich an der Urtheilsfindung betheiligte.

Allerdings kann nicht wohl bezweifelt werden, dass im Königsgericht der König und der maior domus als Vorsitzende häufig an der Findung des Urtheils selbst Theil nahmen.

Den Beweis dafür erblicke ich weniger in der häufig vorkommenden [25] Formel:

[24] Anders lässt sich meines Erachtens das der Verurtheilung vorangehende „supplicio subditur" nicht erklären.
[25] So in den Urtheilen der Könige DD I No. 41, 60, 64, 66, 68, 73, 76, 78, 79, 83, 94; und der Hausmaior DD I No. 10, 16, 18, 21, 22.

„Proinde nos taliter una cum fidelibus nostris visi fuimus iudicasse" (oder „constitit decrevisse"),

die sehr gut nur Redewendung gewesen sein könnte, als in einigen ausführlicheren Darstellungen des gerichtlichen Vorgangs, insbesondere in den Urkunden DD I No. 10 (S. 98):

„Sed dum hanc causam sic diligenter pro ordine per nos vel ipsas personas fuit inquisita",

— — weiter: „Proinde nos taliter una cum fidelibus dominorum vel nostris — — visi fuimus iudicare".

DD I No. 16 (S. 103):

„Proinde nos taliter una cum fidelibus nostris — — visi fuimus iudicasse, ut dum hanc causam sic actam et perpetratam cognovimus, et ipsum testamentum sic veracem invenimus, ideo iubemus, ut etc.",

wo es vorher bezüglich des Testaments heisst:

„cumque ad relegendum nobis tradidisset, invenimus eum verum esse",

und vor allem in der Urkunde Childebert III. vom 14. Dec. 710 [26]), in der von einem Process, in welchem der maior domus Grimoald selbst Partei war, berichtet wird:

„— — Sed postia ipse viro Grimoaldus, maiorem domus noster, una cum nostris fidelibus ac causa ante se iussit advenire, ut eam deligencius inqui-

---

[26]) DD. I. No. 7×, S. 69.

rerit; quod ita et ficit. Sic ab ipso viro Grimoaldo fuit iudecatum, ut sex homenis — — deberent coniurare."

Indossen erklärt sich die Theilnahme des Richters an der Urtheilsfindung im Königsgericht aus der ganz exceptionellen Stellung des Königs und des Hausmaiers und lässt einen Schluss auf die Grafengerichte nicht zu. Uebrigens sind auch aus dem Königsgericht Formeln erhalten, in denen das Urtheilen ausschliesslich der Umgebung des Königs zugeschrieben wird, z. B. DD. I. No. 59 (S. 53), und No. 70 (S. 62):
„Sic et a proceribus nostris — — fuit iudicatum."

So fehlt es an jedem Anhalt dafür, dass im Gebiet des fränkischen Rechts — mindestens zur Merovingerzeit — der Vorsitzende des Gaugerichts sich in irgend einer Weise an der Urtheilsfindung betheiligt habe. Demnach wird man auch aus l. Ripuaria 88 dies nicht durch extensive Interpretation folgern dürfen, sondern muss dies Gesetz seinem Wortlaut entsprechend erklären: „der Richter soll sich bei Todesstrafe nicht durch Geschenke bestechen lassen, die Rachimburgen zum Aussprechen eines ungerechten Urtheils zu veranlassen."

VI.
Ueberblick über die Bestimmungen der andern im Frankenreich geltenden Volksrechte.

Von den sonstigen Volksrechten, die innerhalb des Frankenreichs in Geltung waren, treffen Bestimmungen über den Rechtsschutz gegenüber Beamten nur das alamannische, das bairische und das burgundische Recht.

Bei den Alamannen und den Baiern ist der iudex nicht Gerichtshalter, wie der Graf, sondern Urtheiler [1]).

Die lex Alamannorum Hlothariana enthält in c. 41 eine Strafbestimmung gegen den dolos ungerecht urtheilenden iudex (LL. III pg. 59):

„Ut nullus causas audire praesumat nisi qui a duce per convencionem populi constitutus sit, ut causas iudicet; qui nec menciosus nec periurator nec munera acceptor sit, sed causas secundum legem veraciter iudicet sine acceptatione perso-

---

[1]) L. Baiuwariorum I, 1, 14 (LL. III, S. 288): Comis vero secum habeat iudicem (bei den placita), qui ibi constitutus est iudicare, et librum legis, ut semper rectum iudicium iudicent. — Ueber die Stellung des iudex im bairischen Recht vgl. besonders Beseler in der Zeitschrift für Rechtsgeschichte Bd. 9, S. 244 ff.; Waitz V.-G. II, 2, S. 151 ff.

narum et timens Deum sit. — — Si autem per cupiditatem aut per invidiam alicuius aut per timorem contra legem iudicaverit, cognuscat se delinquisse et 12 solidos sit culpaviles cui iniuste iudicavit; et quod per illum damno passus iniuste, ille iudex restituat ei."

Darüber, ob der iudex falsch geurtheilt, ist die Berufung an andere Richter zulässig. Es ergiebt sich dies aus der weiteren Bestimmung, dass, wenn Jemand den iudex beschuldigt, falsch geurtheilt zu haben, „et si hoc ad aliis iudicibus inquisitum fuerit quod ille iuste iudicavit" der Anschuldiger ihm 12 solidi zahlen soll.

Bezieht sich unser Gesetz nur auf den unwissentlich unrichtig urtheilenden, oder auch auf den Richter, der culpos oder aus Mangel an Rechtskunde nicht „veraciter iudicet"? Ich halte es für unbedenklich, das letztere anzunehmen. Der Gesetzgeber hat offenbar nur an zwei Möglichkeiten gedacht: er stellt den „menciosus, periurator, munera acceptor" dem „causas secundum legem veraciter iudicans" gegenüber. Bewusst ungerechtes — oder gerechtes Urtheil: der Gedanke, dass es auch fahrlässig ungerechte Urtheile geben könne, lag dem Gesetzgeber fern. Wir finden hier demnach dieselbe Präsumption, welche uns im fränkischen Recht begegnete: der Urtheiler muss die Gesetze kennen; urtheilt er ungerecht, so ist das Folge eines dolus.

Diesen Standpunkt, den wir jedenfalls als den altdeutschen bezeichnen können, hat das baierische Recht verlassen.

Die lex Baiuwariorum (II, 17 u. 18)[2]) unterscheidet zwischen dem dolos und dem culpos „iniuste iudicans": nur den erstern trifft Strafe, und zwar ausser einer öffentlichen, an den Fiscus zu entrichtenden Busse von 40 solidi noch die Strafe des doppelten Werths des Streitobjects, den er der Partei zahlen muss; zudem ist das Urtheil nichtig [3]). Den culposen iudex dagegen trifft keine Strafe [4]); nur sein Urtheil ist nichtig, wenn vor andern Richtern [5]) sein Rechtsirrthum nachgewiesen wird:

lex Baiuwariorum II, 17 (LL. III pg. 288):

„Iudex si accepta pecunia male iudicaverit, ille qui iniuste aliquid ab eo per sententiam iudicantis abstulerit, ablata restituat. Nam iudex, qui [pecunia] perperam iudicaverit, in duplum ei, cui damnum intulerat, cogatur exsolvere, quia ferre sententiam contra legum nostrarum statuta praesumpsit; et in fisco cogatur 40 solidos persolvere".

18: „Si vero nec per gratiam nec per cupiditatem, sed per errorem iniuste iudicavit, iudicium

---

[2]) LL. III, S. 288

[3]) Die Nichtigkeit des Urtheils ergiebt der erste Satz des § 17.

[4]) Allerdings verliert er in diesem Fall den ihm sonst (als Sportel) zustehenden neunten Theil der compositio; l. Baiuw. I, 1, 14:

„Iudex vero partem suam accipiat de causa, quam iudicavit. — — De omni compositione semper novenam partem accipiat, dum rectum iudicat".

[5]) Nach Analogie der l. Alam.

ipsius, in quo errasse cognoscitur, non habeat firmitatem; iudex non vacet ad culpam".

Weit strenger sind die Bestimmungen der lex Gundobada. Auch sie scheidet zwischen dem dolos und dem culpos ungerecht Urtheilenden, und präsumirt dabei, dass dolus nur dann vorläge, wenn der iudex **bestochen** sei. Den bestochenen Richter aber straft sie nicht nur dann, wenn er ungerecht, **sondern auch wenn er gerecht geurtheilt hat** — und zwar mit dem Tode:

> Siehe die sogenannte Praefatio secunda LL. IV, pg. 257, welche in der Gundobada 81, 1 als „prima constitutio" bezeichnet wird: „Quod si quis memoratorum **corruptus** contra leges nostras, aut **etiam iuste iudicans**, de causa vel iudicio praemium convictus fuerit accepisse, ad exemplum omnium probato crimine capite puniatur."

Der Richter aber, welcher nur aus Mangel an Rechtskunde oder Nachlässigkeit falsch geurtheilt, wird mit der bedeutenden Strafe von 30 solidi bedroht:

> „Si quis sane iudicum, tam barbarus quam Romanus, **per simplicitatem aut neglegentiam** praeventus forsitan non ea, quae leges continent, iudicavit, et a corruptione alienus est, triginta solidorum multam se noverit soluturum, causa denuo discussis partibus iudicanda,"

die in einem spätern Gesetz auf 36 solidi erhöht wurde:

Lex Gundobada 90: „Si vero iudices a nobis deputati iniuste iudicaverint, ter duodenos sol. multae nomine nobis inlaturos esse se cognoscant." Diese Strafe fällt nun nicht, wie bei den anderen Volksrechten, an die geschädigte Partei, sondern an den Fiskus. Das ungerechte Urtheil ist nichtig und der iudex, welcher die culpa begangen, muss selbst ein neues fällen.

Siehe die Schlussworte in der oben citirten Praef. sec. 10: „causa denuo discussis partibus iudicanda." Gegen Justizverzögerung ist ebenfalls das Recht der Appellation an den König gegeben. Doch soll dieser eine dreimalige, nach späterer Bestimmung die Frist von drei Monaten umfassende Anrufung (interpellatio) des iudex vorangehen. Die Strafe des iudex beträgt für diesen Fall 12 solidi. Auch hat er die Sache nachher selbst zu erledigen, so dass ihn bei weiterer Verschleppung wiederholte Strafe treffen kann.

Praef. sec. c. 11:

„Illud adicientes, ut si iudices simul tertio interpellati non iudicaverint, et causam habens interpellationem nostram crediderit expetendam, et iudices suos ter se adisse et non se auditum fuisse probaverit, duodecim solidorum iudex inlatione multetur;"

Gundobada 81:

„Quodsi ultra tres menses causam cognitam interpellati iudices distullerint iudicare, duodecim solidorum multam eos iubemus exsolvere, causa ab his nihilominus legibus iudicanda."

So sehen wir in dem burgundischen Recht eine vollständig andere Auffassung der Pflichtverletzungen richterlicher Beamten, als sie das fränkische Recht zeigt: gleich aber ist die lex Gundobada der lex Salica in der Härte der Bestrafung, die den bewusst widerrechtlich handelnden Staatsbeamten treffen soll. Die Androhung des Todes — die auch bei den Langobarden wiederkehrt — beweist, wie sehr die Gesetzgeber der alten Germanen von dem Bewusstsein durchdrungen waren, dass die nothwendige Grundlage für die gedeihliche Entwicklung des Staats die treueste Pflichterfüllung der Beamten ist.

VII.

Der Rechtsschutz durch das Disciplinarstrafrecht des Königs.

Neben der Klage im ordentlichen Rechtsweg gab es für die Franken noch ein, allerdings wohl nur in seltnen Fällen wirksames, Mittel, Schutz gegen Uebergriffe der Beamten zu erlangen: das Anrufen des Königs, damit dieser kraft seiner Disciplinargewalt einschreite. Die Grenze zwischen der Disciplinargewalt der Könige und der Strafgewalt des Königsgerichts tritt in unsern Quellen nirgends scharf hervor, und fast könnte es scheinen, als habe eine solche überall nicht bestanden, als habe des Königs Willkür jede beliebige Strafe ohne Urtheil über seine Beamten verhängen können, und habe ihre Schranke hierbei nicht gefunden in irgend einem Rechtssatz, sondern nur in den thatsächlichen Machtverhältnissen.

Allein eine genauere Prüfung der Quellen dürfte doch auch hierin nicht ganz resultatlos sein. Zunächst ist jedenfalls das Recht der Könige, die Beamten ohne Weitres abzusetzen, im fränkischen Reich stets geübt und nie bezweifelt worden. So berichtet Gregor von einem Grafen Palladius, der in Folge von Streitigkeiten mit dem Bischof Parthenius um's Jahr 567 vom König abgesetzt wurde [1]; weiterhin [2] von einem Nicetius „a comitatu Arverno submotus"; und für die Zeit der Karolingerherrschaft beweisen zahlreiche Capitularien, dass die Absetzung von Beamten durch einseitigen Willensakt des Königs gang und gäbe war [3].

Mit dem Recht der Amtsentsetzung war das Recht eine Geldstrafe zu verhängen nun jedenfalls insoweit gegeben, als der König die Möglichkeit hatte, die Amtsentsetzung für den Fall anzudrohen, dass der Beamte eine Geldstrafe resp. den Ersatz eines von ihm verursachten Schadens nicht freiwillig zahle. Insofern lag auch in der Disciplinargewalt ein Schutzmittel für den Privaten, das ihm Ersatz für Schädigungen gewähren konnte, die ihm durch Uebergriffe der Beamten erwachsen waren.

Weiter aber ging das Disciplinarstrafrecht des Königs nicht und insbesondere umfasste es nicht das Recht gegen die Beamten die Todesstrafe zu verhängen. Allerdings wurde diese von den Königen wegen Nichterfüllung ihrer Befehle gelegentlich angedroht,

---

[1] Gregor 4, 40: Nam anno sequenti semotus a comitatu Palladius Avernum regressus est.
[2] ibi 8, 18.
[3] Vgl. z. B. das Capitulare missorum in Theodonis villa datum Karl's von 805, § 12 (LL. I ed. nov. No. 44, S. 124):
    12. „De advocatis: id est ut pravi advocati, vicedomini, vicarii et centenarii tollantur, et tales eligantur quales et sciant et velint iuste causas discernere et terminare. Et si comes pravus inventus fuerit, nobis nuntietur."

so in dem pactus Childeberti I et Chlotharii I (511—558), § 18[4]):

„Et quae Dei nomine pro pacis tenore constituimus, et in perpetuo volumus custodire, hoc statuentes ut si quis ex iudicibus hunc decretum violare presumpserit, vitae periculum se subiacére cognoscat;"
in einem Edict Guntchramns[5]): „Certe si vos regalia jussa contemnitis, et ea quae praecipio implere differtis, jam debet securis capiti vestro submergi — — Si quis iustitiam sequi destinat, iam sequatur; si quis contemnit, iam ultio publica cervici eius immineat" und weiter: „si quis legem mandatumque nostrum respuit, iam pereat;"
in Childeberti II decr. a. 597 c. 6[6]):
„Si quis iudex comprehensum latronem convictus fuerit relaxasse, vitam suam amittat."

Auch finden wir manche Beispiele überliefert, wo berichtet wird, dass der König einen ungehorsamen Grossen hinzurichten befohlen[7]).

Allein in allen diesen Fällen können die Worte ebensowohl von dem die Vollstreckung eines vorangegangenen Hofgerichtsurtheils gebietenden Befehl, als von einem ohne Urtheil erlassenen verstanden werden. Nur ein einziges Mal wird bestimmt überliefert, dass die

---
[4]) LL. I ed. nov. No. 3, S. 7.
[5]) Gregor 8, 30.
[6]) LL. I. ed. nov. No. 7, S. 17.
[7]) S. die Zusammenstellung bei Waitz, V.-G. II, 1, S. 194, Anm. 4.

Tödtung eines Franken vom König ohne Urtheil angeordnet sei:

Gesta reg. Franc. c. 45:

„Childericus — — unum Francum. nomine Bodolenum, ad stipitem tensum caedi valde sine lege praecepit."

Aber hier wird ausdrücklich hinzugefügt, dass diese Massregel einen Aufruhr verursachte und gerade dieser Umstand dürfte dafür sprechen. dass wir hier ein Ueberschreiten der Disciplinargewalt anzunehmen haben. Darnach erscheint mir allerdings die Folgerung nicht unberechtigt, dass in den andern genannten Fällen in der That ein Urtheil voranging und dass ein schärferes Disciplinarstrafmittel als die Absetzung dem Könige nicht zustand[3]).

Damit steht die Androhung der Todesstrafe seitens des Königs für den Fall des Ungehorsams nicht in Widerspruch. Denn wurde sie auch vom König angedroht, so konnte ihrer Ausführung darum nichts desto weniger ein gerichtliches Urtheil vorangehen müssen. Ja, es bedurfte sogar der Androhung seitens des Königs nicht einmal, um die Todesstrafe als Folge des Ungehorsams der Beamten erscheinen zu lassen. Vielmehr galt sie **gesetzlich** als solche.

Ich habe schon oben besprochen [9]), dass sie nach der lex Salica als Strafe für grobe Pflichtvergessenheit der Grafen erscheint. Nach der lex Ripuaria ist sie,

---

[8]) Vgl. auch Roth, Beneficialwesen, S. 129.
[9]) Vgl. Abschnitt III im Text bei Anm. 13.

cumulirt mit dem Verlust des gesammten Vermögens, die Strafe für Untreue gegen den König:

1. Rip. 69, 1:
„Si quis homo regi infidelis extiterit, de vita conponat, et omnes res eius fisco censeantur."

Ein so einschneidender Satz des Staatsrechts wird nun schwerlich nur für das ripuarische Franken gegolten haben, sondern wahrscheinlich für die ganze Monarchie angewandt worden sein. Dieser Satz aber konnte in seiner unbestimmten Fassung auch auf den ungehorsamen Beamten Anwendung finden und fand sie.

Die Beamten sind nach ihrer Bestallungsformel [10]) verpflichtet, dem Könige unbedingt treu zu sein,

„ut semper erga regimini nostro fidem inlibita custodias."

Darin enthalten ist aber vor allem auch die Verpflichtung, stets den Vortheil des Königs im Auge zu haben, „utilitatem regis facere," wie es häufig heisst[11]), und seinen Befehlen gehorsam zu sein.

Dies letzte beweist l. Baiuw. II, 9 [12])

Si quis filius ducis tam superbus — — fuerit vel patrem suum dehonestare voluerit, — — et regnum ejus auferre ab eo, dum pater eius adhuc potest iudicium contendere, in exercitu ambulare, populum iudicare — —, in omnibus iussionem regis potest implere."

---

[10]) Marc. I. 8. Waitz II, 2. S. 27, Anm. 2.
[11]) Vgl. die von Waitz, V.-G. II, 2, S. 126, Anm. 3 zusammengestellten Beispiele.
[12]) LL. III, S. 286.

Es war somit der ungehorsame Beamte als „infidelis" der Todesstrafe verfallen, und die besondere Androhung derselben durch den König ist demnach nicht ein Hinausgehen über die Disciplinargewalt, sondern ein völlig legales Verfahren.

Nicht anders steht es mit der Blendung, die nach dem Berichte Gregor's, der allerdings gegen diesen kirchenfeindlichen König einen ganz besonderen Hass gefasst hat [12]), Childebert den ungehorsamen Beamten angedroht hat [13]):

„Et in praeceptionibus, quas ad iudices pro suis utilitatibus dirigebat, haec addebat: Si quis praecepta nostra contemserit, oculorum avulsione multetur."

Denn wenn auch die Blendung dem Strafsystem der fränkischen Rechtsbücher unbekannt ist, so wurde sie doch schon im frühen Mittelalter als eine an Stelle der Todesstrafe ausgesprochene mildere Strafe betrachtet; die Todesstrafe wird im Gnadenwege in Blendung der Augen verwandelt,

Ann. Fuld. 870 „(Karlmann) Rastizen gravi catena ligatum sibi praesentari iussit, eumque Francorum iudicio et Baioariorum necnon Sclavorum, qui de diversis provinciis regi munera deferentes aderant, morte dampnatum luminibus tantum oculorum privari praecepit."

So war es also an sich eine Strafmilderung, wenn

---

[13]) Vgl. die Charakteristik Childebert's bei Gregor, 6, 46.
[14]) Gregor. Tur. 6, 46.

Childebert bekannt machte, er werde die gegen ungehorsame Beamte erkannte Todesstrafe in Beraubung des Augenlichts verwandeln: wobei er freilich wohl von der Annahme ausgegangen sein wird, dass Manchem dies schrecklicher als der Tod erscheinen möge. Das Recht aber, eine vom Gericht erkannte Todesstrafe beliebig mildernd abzuändern, stand dem fränkischen König zweifellos zu und wurde vielfach geübt. Da nun zu den Pflichten des Grafen nach der Bestallungsformel nicht nur die Treue gegen den König, sondern auch die Ausübung gerechter Justiz gehörte,

„— — ut semper erga regimini nostro fidem inlibita custodias, et omnis populus ibidem commanentes — — sub tuo regimini et gubernatione degant et moderentur, et eos recto tramite secundum lege et consuetudine eorum regas —"[15])

so lag auch in der Vernachlässigung dieser Pflicht ein „infidelis existere": auch hierfür konnte also dem Gesetz nach Todesstrafe, und statt ihrer im Disciplinarwege eine andere, insbesondere die eines mehrfachen Schadensersatzes treten. Somit konnte auch durch Aenderung eines auf Todesstrafe lautenden Urtheils seitens des Königs der geschädigte Private Ersatz erlangen.

Immerhin war dies Angehen des Königs oder des Königsgerichts ein Mittel, dessen Anwendung nicht so leicht war; denn wenn irgendwo, so galt im Merovingerreiche der Satz: „der König ist weit", und in den Zeiten

---

[15]) Marc. 1, 8. Vgl. Waitz, V.-G. II, 2. S. 27, Anm. 3.

der schauderhaften Misswirthschaft unter den entarteten späteren Sprösslingen der merovingischen Dynastie war selbstredend von einem Schutze, den der König gewährte, nichts zu spüren. So häuften sich denn die Bedrückungen der Unterthanen seitens der Grafen und der anderen Beamten. Einen Versuch, sie wenigstens zum Theil abzustellen, machte Chlotachar I., indem er für den Fall der Abwesenheit des Königs den Bischöfen in den früher römischen Landestheilen ein Aufsichts- und Disciplinarstrafrecht über die Beamten wenigstens in Bezug auf die Rechtsprechung einräumte [16]). Einen Rechtsschutz gegen die Beamtenübergriffe zu bilden, waren freilich die Bischöfe wenig geeignet: fehlte ihnen doch die äussere Zwangsgewalt gegen widerspenstige Grafen. Um deren Uebergriffe abzustellen, bedurfte es mächtigerer Beamten. Sie wurden geschaffen in den königlichen missi, welche schon in den letzten Zeiten der Merovinger ab und an in einzelne Gaue gesandt wurden, um Recht und Ordnung aufrecht zu halten, vor Allem den Uebermuth der Grossen zu zügeln und die Macht der Regierung über sie zu documentiren. Diese missi, welche oft mit sehr weitgehenden, ja geradezu mit unumschränkten Vollmachten ausgestattet waren, hielten zwar gelegentlich auch über die Grafen Gericht und enthoben sie ihres Amtes: aber da sie zu solchem Zwecke nur dann entsandt wurden, wenn dringende Beschwerden beim König angebracht waren, und da

---

[16]) Chlotacharii II praeceptio (584—628), LL. I ed. nov. § 19. Dass sie nur für Bezirke mit römischer Bevölkerung erlassen wurde, scheint mir ihr Wortlaut mit Sicherheit zu ergeben.

dies Beschwerdeführen offenbar nur selten vorkam, sowohl wegen der Schwierigkeit, zum Könige zu gelangen, als wegen der Gefahr weiterer Bedrückungen seitens des Grafen, denen sich der Beschwerdeführer aussetzte, so war der Rechtsschutz durch diese missi der merovingischen Zeit zum Mindesten ein sehr unsicherer. Und ein sicherer Schutz that dringend Noth. Denn auf alle Weise bedrückten die Grafen die Bewohner ihres Gaues und suchten ihre Macht und ihr Vermögen auf deren Kosten zu bereichern.

Das übermässige Entbieten zu Gerichtstagen, das Verlangen ungeschuldeter Hand- und Spanndienste, die Verweigerung der Rechtspflege gegenüber Leuten, welche die Grafen nicht durch Geschenke gewannen, das Herabdrücken Freier zu gräflichen Ministerialen und die Vertreibung der Grundbesitzer von Haus und Hof durch übermässige Vexationen waren im Frankenreiche gang und gäbe [17]).

---

[17]) Vgl. insbesondere das sogenannte Capit. de exped. exercit. von 811 (LL. I, S. 168), c. 2—4:

„2. Quod pauperes se reclamant expoliatos esse de eorum proprietate. Et hoc aequaliter clamant super episcopos et abbates et eorum advocatos, et super comites et eorum centenarios. 3. Dicunt etiam, quod quicumque proprium suum episcopo, abbati vel comiti, aut iudici, vel centenario dare noluerit, occasiones quaerunt super illum pauperum, quomodo eum condempnare possint, et illum semper in hostem faciant ire, usque dum pauper factus volens nolens suum proprium tradat aut vendat, alii vero qui traditum habent, absque ullius inquietudine domi resideant. 4. Quod episcopi et abbates, sive comites, dimittunt eorum liberos homines ad casam

Solchen Uebelständen konnte nur durch sehr energische Massregeln abgeholfen werden, und Karl der Grosse war der Mann, diese Abhülfe zu schaffen: freilich nur für kurze Zeit, denn die Schwäche seiner Nachfolger liess bald genug die noch nicht ganz ausgerotteten Missbräuche zu neuem, kräftigem Wachsthume gelangen.

in nomine ministerialium. —— 5. Dicunt etiam alii, quod illos pauperiores constringant et in hostem ire faciunt, et illos qui habent quod dare possint, ad propria dimittunt", und die Urkunde über eine von Karl's missi 804 in Istrien abgehaltene Versammlung, von welcher, nach Carli, Waitz, V.-G. III, S. 406 ff. die wichtigsten Stellen abdruckt.

Verzeichniss der abgekürzt citirten Schriften.

Behrend = lex Salica, herausgeg. von Behrend (Berlin 1874).

Behrend, Proc. = Behrend, Zum Process der lex Salica (in den Festgaben für Heffter; Berlin 1873).

Beseler, der Iudex im bairischen Volksrechte (Zeitschrift für Rechtsgeschichte, Bd. 9, S. 244 ff.; 1870).

v. Bethmann-Hollweg, Der Civilprocess des gemeinen Rechts in geschichtlicher Entwicklung, Bd. 4 und 5 (Bonn 1868—71).

Boretius, Die Capitularien im Langobardenreich (Halle 1864).

Brunner, Die Entstehung der Schwurgerichte (Berlin 1872).

Cohn, Die Verbrechen im öffentlichen Dienst nach altdeutschem Rechte; I: die Justizverweigerung (Karlsruhe 1876).

Dahn, Westgothische Studien (Würzburg 1874).

DD = Monumenta Germaniae historica, Diplomata.

Du Cange, Glossarium mediae et infimae latinitatis, ed. nov.

Eichhorn, Deutsche Staats- und Rechtsgeschichte; 5. Aufl. (1843), wo nicht die 1. (1808) besonders angeführt.

Gengler, Germanische Rechtsdenkmäler (Erlangen 1875).

Geppert, Beiträge zur Lehre von der Gerichts-Verfassung der lex Salica (Berlin 1878).

Gfrörer, Zur Geschichte deutscher Volksrechte im Mittelalter (Schaffhausen 1865—66).

Gregor = Gregorii Turonensis historia ecclesiastica Francorum.

Grimm, Deutsche Rechtsalterthümer.

Hermann, Ueber die Entwicklung des altdeutschen Schöffengerichts (Breslau 1881).

LL = Monumenta Germaniae historica, Leges. Die Neubearbeitung der Capitularien von Boretius ist als »LL. I ed. nov.« citirt.

E. Löning, Geschichte des deutschen Kirchenrechts, Bd. II (Strassburg 1878).
E. Loening, Die Haftung des Staates aus rechtswidrigen Handlungen seiner Beamten nach deutschem Privat- und Staatsrecht (Dorpat 1879).
R. Loening, Der Vertragsbruch im deutschen Recht (Strassburg 1876).
G. L. Maurer, Geschichte des altgermanischen, namentlich altbairischen öffentlich-mündlichen Gerichtsverfahrens (Heidelberg 1824).
MM GG = Monumenta Germaniae historica.
Pardessus = Loi salique — ⸺ avec des notes et des dissertations par J. M. Pardessus (Paris 1843).
A. Pernice, de comitibus palatii commentatio prior (Halle 1863).
Pertz = Pertz in den Monumenta Germaniae.
Planck, Das deutsche Gerichtsverfahren im Mittelalter (1879).
Richthofen, Altfriesisches Wörterbuch.
Rip. = lex Ripuaria.
Rogge, Ueber das Gerichtswesen der Germanen (Halle 1820).
Roth, Geschichte des Beneficialwesens von der ältesten Zeit bis zum 10. Jahrhundert (Erlangen 1850).
Roz. = Rozière, Recueil général des Formules usitées dans l'empire des Francs du Ve au Xe siècle (Paris 1858).
Sal. = lex Salica. Wo nähere Angaben nicht gemacht sind — und sie sind überall da fortgelassen, wo die Verschiedenheiten der einzelnen Texte ohne Bedeutung erschienen —, habe ich mich an den von Behrend gegebenen Text gehalten. Wo die Abweichungen der verschiedenen Texte zu berücksichtigen waren, sind diese, unter Anwendung der von Behrend für sie eingeführten Bezeichnungen, häufig auch unter Benennung der Handschrift nach Pardessus' Ausgabe, nach Pardessus und Behrend citirt. Der Text Merkel's und die Holder'schen Einzelausgaben von Handschriften sind nur dann citirt, wenn sie wesentliche Abweichungen von den andern Texten enthielten. Die Hessels'sche Ausgabe (London 1880) besonders zu citiren, schien mir unnöthig.
Schade, O., Altdeutsches Wörterbuch (Halle 1866).
Sohm, Proc. = Sohm, der Process der lex Salica (Weimar 1867).
Sohm, R.- und G.-V. = Sohm, Die altdeutsche Reichs- und Gerichts-Verfassung, Bd. I: Die fränkische Reichs-und Gerichts-Verfassung (Weimar 1871).

Sohm, Fränkisches Recht und römisches Recht (Weimar 1880).
Sohm, Zeitschr. V. = Sohm, Ueber die Entstehung der lex Ribuaria, in der Zeitschrift für Rechtsgeschichte, Bd. V (1866).
Siegel, Geschichte des deutschen Gerichtsverfahrens I. (Giessen 1857).
Thonissen, L'organisation judiciaire sous le régime de la loi Salique (Nouvelle revue historique de droit français et étranger, IIIième année (1879) pg. 31 ff.). — Ein von Geyer in einer Besprechung des Hermann'schen Buchs (im Centralbl. f. Rechtsw. 1, 5, S. 169) genanntes Werk Thonissen's, L'organisation judiciaire, le droit pénal et la procédure pénale de la Loi Salique (Bruxelles 1881), das auch Waitz zu citiren scheint, ist selbst auf grösseren deutschen Bibliotheken (Göttingen, Berlin) nicht vorhanden. Auf directe buchhändlerische Anfragen in Brüssel und Paris erfolgte die Antwort, das Werk sei nicht erschienen. Uebrigens dürfte es, nach Waitz' Anführungen zu schliessen, in den hier interessirenden Partien nicht mehr als höchstens eine etwas weitere Ausführung der Darstellung in der Nouvelle Revue enthalten.
Unger, Die altdeutsche Gerichtsverfassung (Göttingen 1842).
Waitz, G., Das alte Recht der salischen Franken (Kiel 1846).
Waitz, V. G. = Waitz, Deutsche Verfassungsgeschichte (Bd. I u. II, 3. Aufl. 1880—82; Bd. III u. IV, 1. Aufl. 1860—61).
Weigand, Deutsches Wörterbuch (3. Aufl. Giessen 1878.)
Wiarda, Geschichte und Auslegung des salischen Gesetzes (Bremen und Aurich s. a. [1808]).
Zöpfl, Deutsche Rechtsgeschichte, 4. Aufl. (Braunschweig 1871).

Pierer'sche Hofbuchdruckerei. Stephan Geibel & Co. in Altenburg.

Verlag von ERNST HOMANN in Kiel.

Georg Waitz, Deutsche Verfassungsgeschichte.
Gr. 8. Geh.
Erster Band: A. u. d. T.: **Die Verfassung des deutschen Volkes in ältester Zeit.** Dritte Auflage. 1880. XIX u. 528 S. 12 M.
Zweiter Band. Dritte Auflage. A. u. d. T.: **Die Verfassung des fränkischen Reichs**, Erster Band. 1882. Erste Abtheilung X u. 431 S. Zweite Abtheilung VIII u. 451 S. Jede Abtheilung 10 M.
Fünfter Band. 1874. IX u. 448 S. 11 M.
Sechster Band. 1875. VIII u. 506 S. 12 M.
Siebenter Band. 1876. VIII u. 428 S. 11 M.
Achter Band. 1878. VII u. 550 S. 13 M.
Der fünfte bis achte Band a. u. d. T.: **Die deutsche Reichsverfassung von der Mitte des 9. bis zur Mitte des 12. Jahrhunderts.**

(Vom dritten Bande wird die erste Abtheilung Ende des Jahres 1882, die zweite Abtheilung und der vierte Band — beide Bände in zweiter Auflage und u. d. T.: Die Verfassung des fränkischen Reichs, 2. und 3. Band — im Laufe des Jahres 1883 erscheinen.)

Ferner erschien von demselben Verfasser:

Urkunden zur Deutschen Verfassungsgeschichte im 11. und 12. Jahrhundert. Mit einem Anhang: über Freien- und Schöffengut. 1871. Gr. 8. VII u. 58 S. Geh. 1 M. 60 Pf.

Grundzüge der Politik. 1862. Gr. 8. VI u. 247 S. Geh. 4 M. 50 Pf.

Kurze Schleswig-Holsteinische Landesgeschichte. 1864. Gr. 8. VII u. 203 S. Geh. 3 M.

Ferner erschien in meinem Verlage:

Brinkmann, Rudolf, Dr., weil. Oberappellationsrath, **Aus dem deutschen Rechtsleben.** Schilderung des deutschen Rechtsganges und des Kulturzustandes der letzten drei Jahrhunderte auf Grund von Schleswig-Holstein-Lauenburgischen Akten des kaiserlichen Kammergerichts. 1862. Gr. 8. VIII u. 379 S. Geh. 6 M.

Verlag von ERNST HOMANN in Kiel.

Chalybaeus, H. F., Dr. iur. Konsistorialrath, **Sammlung der Vorschriften und Entscheidungen**, betreffend das Schleswig-Holsteinische Kirchenrecht. 1882. Gr. 8. VIII u. 560 S. Geh. 11 M.

Hennings, P. D. Ch., Dr., Professor, **Ueber die agrarische Verfassung der alten Deutschen** nach Tacitus und Caesar. Beiträge zu Tacitus Germania cap. 26 u. 30. 1869. Gr. 8. 2 Bll. u. 72 S. Geh. 1 M.

Jansen, Karl, Dr., Professor, **Uwe Jens Lornsen.** Ein Beitrag zur Geschichte der Wiedergeburt des deutschen Volkes. Gr. 8. 1872. X u. 541 S. Geh. 6 M.

— —, **Abriss der Geschichte für die oberen Klassen gelehrter Schulen.** 1876. Gr. 8. 2 Bll. u. 310 S. Geh. 3 M.

Jensen, H. N. A., Dr. phil. und Pastor, **Schleswig-Holsteinische Kirchengeschichte.** Nach hinterlassenen Handschriften überarbeitet und herausgegeben von Dr. **A. L. J. Michelsen**. Gr. 8. Geh.

I. Theil: Bis auf die Reformation. Bd. 1. 1873. XXIV u. 334 S.
    Bd. 2. 1874. VI u. 371 S.
II. Theil: Seit der Reformation. Bd. 3. 1877. VIII u. 344 S.
    Bd. 4. 1879. VIII u. 352 S.

Namen- und Sachregister dazu von Pastor **Joh. Claussen.** 24 S.

Herabgesetzter Preis für das ganze Werk: 12 M.

Mommsen, Fr., Dr. theol. et iur., Konsistorialpräsident, und **Chalybaeus, H. F.**, Dr. jur., Konsistorialrath, **Die Kirchengemeinde- und Synodalordnung für Schleswig-Holstein** mit Kommentar herausgegeben 1878. Gr. 8. VIII u. 247 S. Geh. 6 M. 60 Pf.

Provinzial-Handbuch für Schleswig-Holstein, herausgegeben mit amtlicher Unterstützung der königlichen Regierung. Vierter Jahrgang. 1880. Gr. 8. 2 Bll. u. 552 S. Geh. 8 M.